GENIUS OF COMMON SENSE

常識の天才
ジェイン・ジェイコブズ

G.ラング・M.ウンシュ [著]　玉川英則・玉川良重 [訳]

『死と生』まちづくり物語

鹿島出版会

アレックスとエズメへ、愛と……、醜悪を込めて

G.L.

シティガールのノラへ

M.W.

GENIUS OF COMMON SENSE by Glenna Lang and Marjory Wunsch.
Copy right © 2009 by Glenna Lang and Marjory Wunsch.
Japanese translation published by arrangement with David R. Godine, Publisher Inc.
through The English Agency (Japan) Ltd.
All rights reserved including the rights of reproduction in whole or in part in any form.
Published 2012 in Japan by Kajima Institute Publishing Co., Ltd.

目　次

1. 小うるさい女の子が　*7*
2. 生まれ育ったのは電気の町　*11*
3. ニューヨークで記者になり　*23*
4. キューピッドとキャンディーストアの家に出会い　*37*
5. アーキテクチュラル・フォーラムで学びながらレポートを　*47*
6. ジェインの「幸運な」記事は　*57*
7. 母親たち、そして子供たちを束ね　*65*
8. 都市計画に挑戦して　*77*
9. ウエスト・ビレッジを救う　*89*
10. 『死と生』の反響は　*99*
11. 市庁と高速道路との闘いへ　*107*
12. そして広がる都市再生　*121*

エピローグ　*129*

ジェイン・ジェイコブズの生涯（年譜）　*133*

ジェイン・ジェイコブズの著書　*135*

ノート　*136*

参考文献　*142*

写真版権　*148*

謝辞　*150*

索引　*152*

著者について　*157*

訳者あとがき　*158*

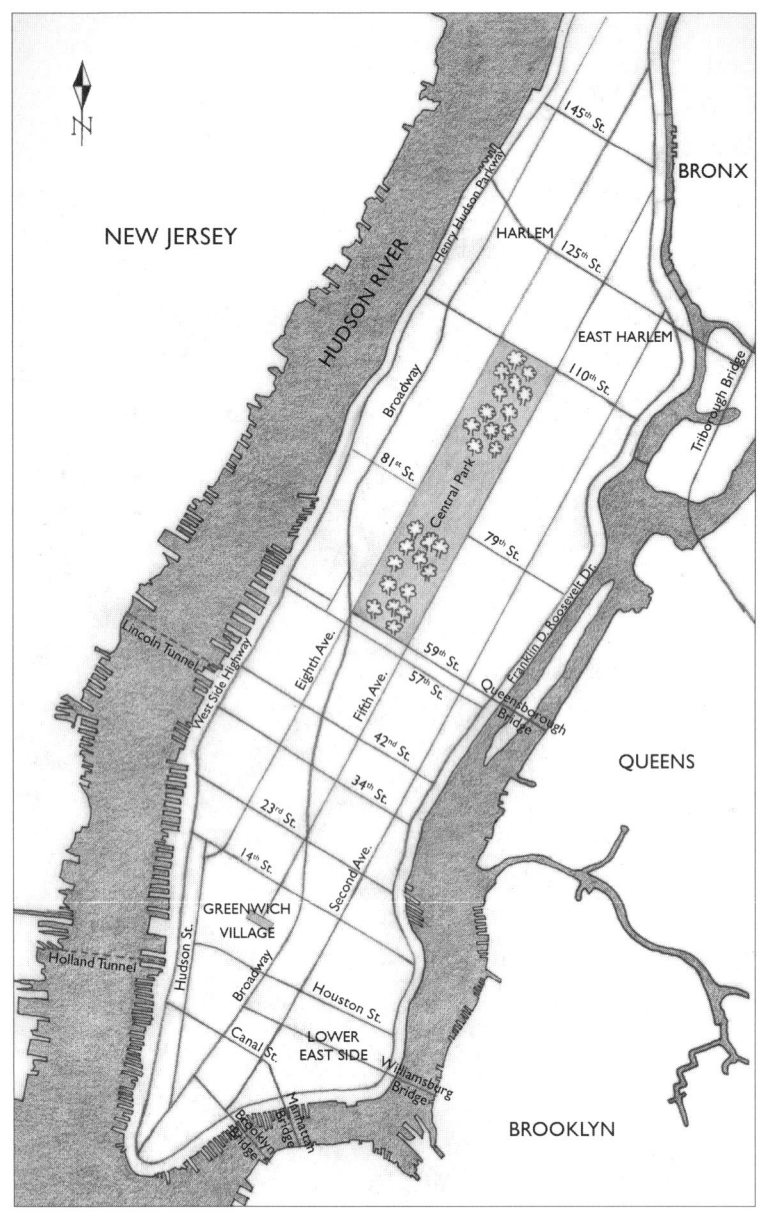

ニューヨーク市の地図：マンハッタン島を中心として周囲にニュージャージー州、ハドソン川を挟んで、ロングアイランド、ブルックリン、クイーンズ、ブロンクスなどの地区のある河岸部、中央にセントラル・パークがある

章頭のイラスト

6　スクラントンの学校の机に向かうジェイン *

10　1920年代、スクラントンのダウンタウンの商務省ビル **

22　ジェインの想像上の会話仲間 *

36　ジェインとボブの自転車新婚旅行 **

46　ロックフェラーセンター *　背後のビルの中にジェインの事務所があった

56　1950年代、雑誌社の仕事場 **

64　ワシントンスクエア公園でのベビーカーラリーの母親たち *

76　1950年代の歩道のバレエ　石けり遊び **

88　×印をつけメガネをかけた都市更新抗議者たち *

98　『死と生』の批評の数々 **

106　ブロックを破壊する都市更新の解体球 *

120　所有者による古い建物の小規模修復 **

128　1996年、トロントでのジェイン

* マージョリー・ウンシュによるイラスト
** グレンナ・ラングによるイラスト

CHAPTER ONE
An Obstreperous Young Girl

第 1 章
小うるさい女の子が

　授業中、机の下に隠した本を膝において読んでいたジェイン・イザベル・バッツナーは、ハッとして目を上げました。小学校4年生の彼女は、先生が、「都市はすべて滝の回りにできる」と説明しているのを聞いたのです。ジェインは、自分の町であるスクラントンについて考えてみました。そこは彼女が住んでいた1920年代当時は、浅く曲がりくねった川と丘に囲まれた、アメリカ北東部にあるペンシルバニア州の小さな町でした。多くの人々は、近くの炭坑や石炭産業に関係するところで働いていました。スクラントンにとって一番大事なものは石炭だということは、誰もが知っていたのです。手をあげたジェインに、発言が許されました。自信満々で、彼女は先生に言いました。「すべての都市が滝の回りにできるというのはおかしいです」と。そう、彼女は自宅近くの公園に小さな滝があるのを見たことがありましたが、それはスクラントンの町ができ、また発展するためには何の関係もないことでした。
　先生は、詮索好きで独立心の強いこの生徒からまたしても反論を受けたことに、怒りまじりのため息をついていました。しかし、ときどき小うるさいこの女の子が、ある日その鋭い観察眼でもって、アメリカの都市に関する世界を変える本を書いたのでした。彼女の本は、政府が住宅や繁栄するお店を広範囲に取り壊すことを止めさせ、すべての人々に都市の刺激や便利さを楽しむことを勧めました。そしてついにジェインの本は、ニューヨークやボストンやいろん

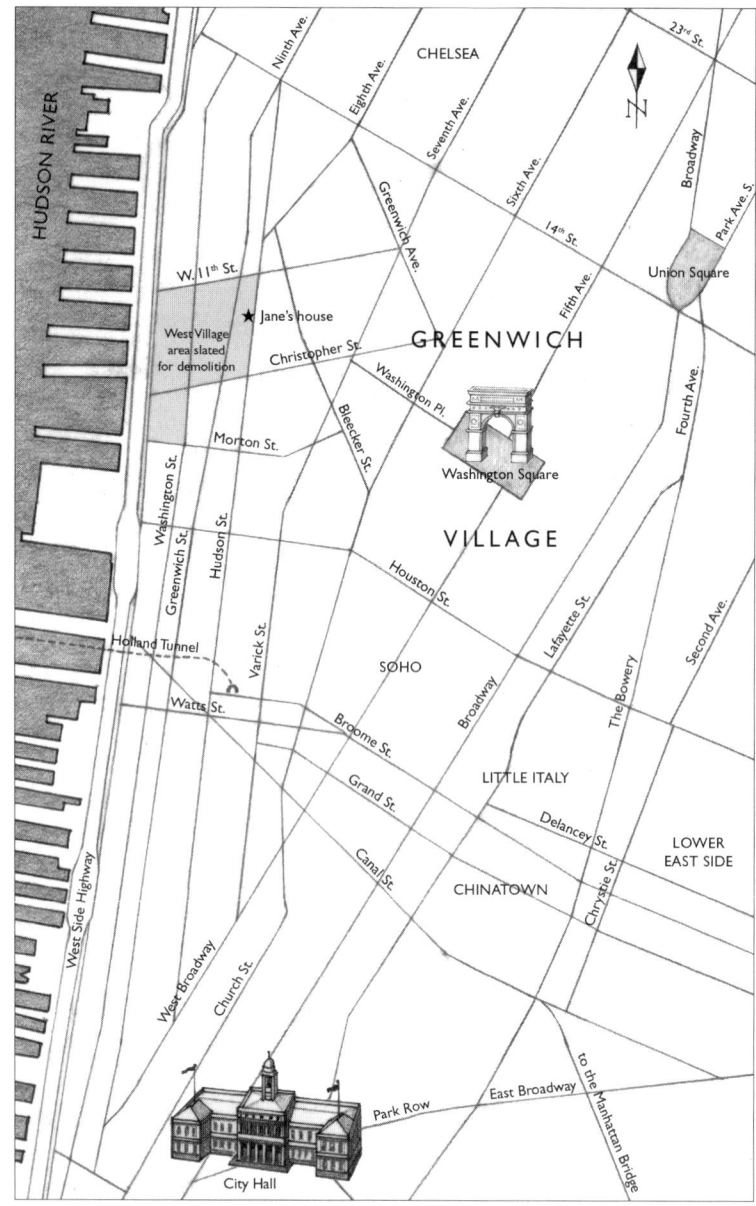

ジェイン・ジェイコブズの活躍したニューヨーク、マンハッタン南部地域の拡大図

な都市が、今日もてはやされているような活気に満ちた場所であり続けることを支えたのでした。また、ジェイン自身は、彼女が本で書いたまさにその地域を守るための闘いの先頭に立って参加したのでした。

Obstreperous（原語訳）：小うるさい；騒がしく反抗的な；騒々しい；扱いにくい
[ラテン系の obstreperus「騒がしい」、obstrepere「騒がしさ」から、逆らって周囲に騒々しさをつくるために]
（The American Heritage Dictionary（『アメリカンヘリテイジ辞典』より）

CHAPTER TWO
Growing Up in the Electric City

第2章
生まれ育ったのは電気の町

　1916年5月4日、ジェインは、スクラントンにある「電気通り」で、父親ジョン・デッカー・バッツナーと母親ベス・ロビンソン・バッツナーとの間に、背たけの大きい3番目の子供として生まれました。悲しいことに、そのときすでに2番目の子供であった男の子は病気で亡くなっていました。ジェインが生まれたとき姉のベティは6歳でした。上の弟ジョンがジェインの翌年に、下の弟ジェームスが1年半後に生まれました。

　ジェインの家庭は、お互いが自由な考え方を受け入れるという寛容さを大切にしました。父親は腕のよい誰にでも好かれる町医者でした。母親の生家は、伝統的に職業婦人の家庭でした。彼女は、ペンシルバニアの炭坑地域の小さな町で育ちました。そして結婚前にはペンシルバニアで、学校の教師と看護師の職業に就いていました。ベスの母親もまた学校教師でした。おばのハンナ・ブリースも、インディアン居留地やアラスカの村で教えていました。

　ベスの父親は、南北戦争のときには合衆国陸軍大佐で、自身の話によれば、バージニアで南部連邦監獄の捕虜になったとのことでした。彼は法律家となり、グリーンバック労働党の候補者として、議会選挙にも出馬しました。ジェインはこの党の政策について、紙幣発行にみられるように、その当時は「風変わりな」ものだったが、結局は受け入れられていったのだと後に述懐しています。ロビンソン家の他の先祖も、アメリカ独立戦争の前から当地に移住してい

ました。

　一方、ジェインの家族のバッツナー家側の先祖は、バージニアからやって来ました。そこは南北戦争当時、南部独自の連邦制を支持、奴隷制容認の土地柄でした。しかし、バッツナー家の人々の多くは、奴隷制や合衆国連邦離脱に反対で、バージニア州が南北戦争に参加することにも反対していました。ジェインの父、通称デッカーは、彼の家族たちが一般的でない見解を主張していたことに誇りを感じていました。彼は、フレデリックスバーグ近くの農場のあまり豊かではない家庭で育ち、拡大家族（多世代同居のファミリー）の一員である若い女性がいとこたちを教えるワンルームスクールで学んでいました。おじさんが豊かだったおかげで、デッカーといとこたちは大学まで行くことができました。彼はバージニア大学に通い、医学の学位を取得したのでした。

ジェインの父、ジョン・デッカー・バッツナーは家庭医でした

ジェインの母、ベス・ロビンソン・バッツナーは看護師および教師として働いていました

1930年代、スクラントンのダウンタウン・ワイオミング通り。右側にドーム屋根の石炭取引所の建物が見えています。ジェインは、学校の行き帰りにダンモア線(写真中央)の路面電車に乗りました

　ジェインの両親は、フィラデルフィアの病院で出会いました。デッカー・バッツナーはそこで医師としての訓練を終えようとしていました。また、ベス・ロビンソンは、その病院の夜間看護の監督者として働いていました。二人は結婚して1905年にスクラントンに移り、医師バッツナーは、家庭医として仕事を始めました。

　田舎で育ったデッカーとベスは、生活の場として都市は優れていると思いました。夫妻の新たな居住地となったスクラントンはラッカワナー郡の繁栄する郡都であり、ペンシルバニアで7番目に人口の多い都市でした。その地方に散在する無煙炭田をもつ町の中では最も大きく、劇場や美術館、公共図書館など、多くの壮麗な建築物がありました。スクラントンの初期の移住者が、ほとんど炎や煙を出さずに高熱を発するこの極上品質の固い石炭が大量に埋蔵されてい

第2章　生まれ育ったのは電気の町

るのを見つけました。無煙炭はスクラントンの鉄鉱炉の燃料になりました。そしてこの頃になると、鉄道を動かし、線路から絹にいたるまでを生産する工場の動力にもなっていました。最初の頃に鉱山や工場で働いていたドイツ人、アイルランド人、ウエールズ人たちに、イタリア人、ポーランド人やロシア人の移民が加わりました。そして、豊かな文化的融合がもたらされました。

　発電所、工場、交通、家庭生活などすべてが石炭に依存していたこの時代、スクラントンは、全国に一斉に石炭を供給していました。炭田から石炭を取り出す炭坑施設は、都市の境界にまで見られました。ラッカワナー駅から全国のあちこちへ、貨物や乗客を載せた列車が出発していきました。スクラントンの高密なダウンタウンは、小走りにデパートへと急ぐ買い物客や銀行へ駆け込む

ジェインと弟たち、ジム（中央）とジョン（右側）

ジェインの子供時代の家、ダンモアのモンロー通り1712（以前は1728）番地の2007年時点の様子。ダンモアはスクラントンの拡張地域として供給された、主として住宅地である近隣の町

ビジネスマンや、背の高いオフィスビルでごった返していました。

　バッツナー家は、スクラントンの端の方にある住宅地にありました。ジェインが4歳のときに、一家は隣接するダンモアの町に引っ越しました。その家は、そのブロックで一番大きく立派なれんが造りの家でした。彼女は、ダンモアの自宅からほんの2，3ブロックのところにあったジョージ・ワシントン第3学校に通いました。ジェインはよく周りの人から父親似だと言われました。彼女は藁黄色の髪で明るい青い目をし、鼻は特徴的であり、年齢のわりに背丈が高かったのです。級友の一人はジェインを「自由な精神を持ち、賢く、陽気でおもしろく、大胆不敵」と評しました。多くの友達が教師に脅えるのに対し、彼女は茶目っ気のある冗談を連発して自身や友人たちを楽しませました。学校の食事室で紙袋を膨らませ、それを大きな音をたてて破裂させたりもしました。静かなのは、あらゆるジャンルの本をむさぼるように読んでいるときでし

た。そして自転車に乗ることも好きでした。

　ジェインは父親と親密で、人物も考え方もたいへん尊敬していました。彼は彼女に事物を百科事典で調べることを教えましたし、子供たち皆に自分で考えることを奨めました。ジェインが7歳のある日、バッツナー医師は約束の重要さを説きました。守れない約束はすべきでないということを。とくに、子供のうちは、これから一生何かをするという約束はすべきでないということを。そのようなわけで、3年生のときの先生がクラスで、これから一生毎日歯を磨くことを約束するかどうか手をあげさせて尋ねたとき、ジェインは手をあげることを拒むばかりか、他の子供たちにも手をあげないように促しました。彼女は父親の理屈を説明しましたが、激怒した先生をそれで平静にさせることはできませんでした。ジェインはその日は学校から追い出されましたが、彼女はいつもどおり自信をもって帰りました。「そのことで、自分は独立した人間なんだという感覚をもつことができました」と、彼女はふり返っています。

　まだ初等学校の間に、ジェインは詩を書き始めました。彼女は詩の何編かをバージニア州のフレデリックスバーグ新聞にコラムを書いていた、家族の友人であるトーマス・ロマックス・ハンターに送りました。11歳の少女の作品に喜び、彼はジェインの詩を刊行しました。それは、1920年代のファッショナブルで反抗的なスタイルや態度を好む若い女性を指す言葉である、「The Flapper（おてんば娘）」と名付けられました。ハンターは手紙で、ジェインへの熱狂と激励の言葉を述べました。「こんなに才能のある人なら、さらにそれを培っていくことでしょう。いつか、あなたは卓越した女流詩人になるでしょう」と。

　バッツナー医師は、ダウンタウンにオフィスを構えていました。また、町で一番早くから車を持っている医師の一人でした。彼は、フロントガラスも屋根もない小型の赤いフォードを運転して、しばしば遠くまでも患者の家に往診に向かいました。しかし、家族がダウンタウンに行くときは、電動で軌道を走る路面電車に乗りました。1880年代にスクラントンは、合衆国で最初に電気路面電車システムの開設に成功しました。また、最も早くから電気の街灯を使い始めた都市の一つであり、今も使われている「電気の町」というニックネームが

1925年、ジェインが最初に訪問した頃のニューヨーク港とマンハッタンのスカイライン
左側にハドソン川、右側にイースト川

与えられました。

　近隣の多くの子供たちと同様に、ジェインは8年生のはじめにスクラントンのダウンタウンにある学校に行きました。おそらく、彼女のお気に入りは、「花柄のチンツ（さらさ木綿）の座席カバーがかけられ」、「フクシア色、銀色または空色に塗られた」路面電車で通学することだったでしょう。生き生きとした街路やダウンタウンのいろんな店が刺激的で、彼女は自分の生活に膨らみがでるように感じました。

　喜ばしいことに、ジェインが12歳のとき、合衆国で最も大きいよその都市を訪れる機会がありました。友人の家族と一緒に、彼女は生まれてはじめてニューヨークに旅行しました。当時とすれば長い旅でしたが、彼女たちは120マイル離れたハドソン川の広い河口にあるニュージャージーのある町へ自動車で向かいました。そこに車を置いてフェリーに乗り、マンハッタン島を取り囲

んでいるたくさんの波止場の一つに着きました。彼らは、世界最大の貿易の中心地であり好景気に沸くニューヨークの港に入ったのです。海岸に沿って、港湾労働者が大きな貨物船の荷下ろしをし、乗客は荘厳な定期運行船から下り立っていきました。

スクラントンもわくわくするところのように感じていましたが、ニューヨークは「ジャズと狂乱の 1920 年代」という時代にあって、それよりはるかに賑やかでした。摩天楼があり、高架電車が走る都市の景色はずっと長くジェイン

1930 年、ニューヨーク市、48 番通り近くの 5 番街で北方をのぞむ。左側の黒っぽいコートを着て、やや先のとがった靴をはいた目をひく婦人に注目

の印象に残りました。「わたしは、町じゅうの人々皆にびっくりさせられました。それは、1928年のウォール街の昼食時のことでしたが……町が飛び跳ねているかのようでした。町じゅう、人で埋め尽くされていました」と彼女は回想しています。ウォール街のニューヨーク証券取引所の近くには、お金持ちのビジネスマンや流行の装いをした人々が押し寄せていました。5番街では、ジェインが詩の中で想像したおてんば女性がローウエストの衣装やボブヘアを見せびらかしていました。たくさんの車やトラック、2階建てバスがいたるところで交通渋滞を引き起こしていました。

　ジェインが見たのはニューヨークの全盛時代でした。翌年になり、証券市場はだめになりました。多くの投資家は大金をなくし、会社は閉鎖され、労働者は仕事を失いました。その時期は、「大恐慌」の始まりとして知られています。国じゅうの人が貧困に陥りました。スクラントンの鉱山は10年早く閉鎖され始めていたので、スクラントンの人々はすでに厳しい時代を経験していました。それが、恐慌によって経済状態が一層悪化し、バッツナー医師の患者の多くは診療の代金を払う余裕がなくなってしまったのです。

　高等学校でもジェインは詩を書き続けました。また、冗談をとばすことも続いていました。彼女は、学校の昼休み中、ダウンタウンの百貨店で「極めつけの悪ふざけ」をしでかします。ジェインは、狭くて混雑した下りのエスカレーターを駆け上がりました。彼女の「クスクス仲間」の一人は、後に、「居合わせた人がしかめっ面をし、エスカレーターの上方で彼女を待ち構えていました」と回想しています。

　両親の多くの援助のおかげで、手に負えないジェインは1933年1月にスクラントンの中央高等学校を卒業しました。彼女が受けたのは「古典的」で一般的な教育でしたが、卒業生の多くはその後すぐに就職しました。両親は大学の費用を出そうとしましたがジェインは行かないことを選択しました。「学校にうんざりしていて、執筆したり、報道したりする仕事に就きたかった」からです。しかし、ジェインの両親は、子供たちが仕事を見つけるために、とりわけ、彼らが最も望んでいる職業に就くために実用的な技能を学んでおくべきである

と考えていました。そのため、ジェインはパウエルビジネス学校で、速記、つまりテープレコーダーが使われる前に使用されていた一種の略記法を学びました。彼女はその年の6月に秘書課程を終え、自身曰く、「優秀な速記者」になりました。

　17歳でまだ実家にいながら、ジェインは情熱どおりに最初の仕事を見つけました。「スクラントン・トリビューン」の女性欄の編集者の無給のアシスタントとして、彼女は、教会の晩さん会や結婚式、パーティーやクラブの集会といった日常のイベントの記事を書きました。たまには、彼女の興味のある話を選んで書くこともできました。新聞の仕事を始めて1年経ったところで、ジェインの両親は、彼女におばのマーシャ・ロビンソンを尋ねて、国内のもっといろいろなところを見ることを提案しました。マーシャは「アパラチア山脈脇の

上：スクラントンのダウンタウンにある中央高等学校のジェインの卒業証書。彫刻が施された目立建物は、今も使われています
右：1933年、ジェインの高等学校卒業写真

谷間」といわれるノースカロライナのヒギンズで、コミュニティセンターの管理をしていました。彼女のおばは、才能はあるが貧しい人々が「失った技能を取り戻す」こと —— たとえば、端切れを使った膝掛けや手織りのリンネルをつくること —— 、また、「未来やその好機に関心をもつ」ことの手助けをしていたのですが、ジェインは後に、おばのような部外者がどのようにしてそれを行っていたのかを思い返しています。

　しかし、アパラチアでおばと過ごし 6 カ月が経った頃になると、ジェインは大きな都市に対する誘惑の念にかられました。また、自分の将来を模索したくなったのです。

CHAPTER THREE
Becoming a Writer in New York

第 3 章
ニューヨークで記者になり

　新たな経験として、1934 年に 18 歳になったジェインは、記者としてのキャリアを求めてニューヨークに出て行きました。ニューヨークは、彼女が前に訪問したときからは劇的に変わっていました。「あの最初の訪問時との違いが、わたしにははっきりわかりました。とくに、ダウンタウン。34 年には失業者があふれていました。28 年には全くいなかったのに」とは彼女の言葉です。大恐慌が都市を打ちのめしていました。たいへん多くの企業が倒産したことで、人々は仕事を探しながら厳しいときを過ごしていました。たとえ仕事を見つけても、以前の稼ぎに比べて低い賃金であることがしばしばでした。あるいは、せっかく仕事を見つけた会社が廃業、また職探しが始まるということもありました。
　ジェインの姉ベティはすでにニューヨークに移っていました。ベティはフィラデルフィアでインテリアデザイナーになるための勉強をしましたが、その道で職業を見つけることができませんでした。その代わりとして、彼女はブルックリンの百貨店で販売員として働きました。ベティは妹のために十分な広さのアパートを借りてくれたので、ジェインはそこに住むことになりました。そこは、騒々しいマンハッタンの川向こうのブルックリンハイツにあり、エレベーターのない 6 階建ての最上階でした。家賃を払った後にはほとんどお金が残らなかったので、姉妹はときどき、パブルム（Pabulum、訳注：安価で柔らかい幼児用シリアル）でしのぐこともありました。

ジェインは毎朝、物書きなどの仕事の求人広告を探しあさっていました。仕事が見つかるかもしれないとなれば、ブルックリン橋を徒歩で渡りマンハッタンへ。彼女はその町、「複雑ですばらしい場所」を愛していました。仕事を断られた後、彼女は町のあちこちを気ままに探検しながら午後の時間を過ごしました。ある界隈に見飽きたら、地下鉄に乗り別の場所へ。ある日彼女は、単にその名前が気に入ったという理由で、「クリストファー・ストリート」という駅で降りました。「わたしは、この界隈に魅了されました」と、彼女は述懐します。午後じゅうその周辺を歩き回った彼女はベティに、「わたしたちが住むべき場

1900年代半ば、マンハッタンへのブルックリン橋の歩道は、ジェインのマンハッタンへの通い道でもありました

グリニッジ・ビレッジ・モートン通り 55 番地のジェインのアパートの入口。カーブした並木通りにあるエレベーター付き 6 階建ての建物。

所を見つけたわよ」と言いました。

　ジェインは、数々の素敵な建物や曲がりくねった街路のあるグリニッジ・ビレッジを発見したのです。好奇心をそそられる民族集団が混在し、多様な職種の人々が店主、労働者、作家、芸術家などと一緒に隣近所に住んでいました。靴修理店、魚屋、肉屋、八百屋が、本屋やカフェ、劇場や音楽クラブなどの間に寄り添うようにありました。何十年にもわたり、ビレッジは芸術家たちを引きつけ都市の創造力の中心として知られました。

　ジェインの速記者としての技能は役に立ちました。彼女はキャンディー製造会社で、週給 12 ドルを稼げる秘書の仕事を得ました。それで、彼女とベティはグリニッジ・ビレッジのモートン通りに引っ越す余裕ができ、そこでジェインは執筆を続けました。数カ月もしないうちに、その都市の大新聞の一つである「ニューヨーク・ヘラルド・トリビューン」が "While Arranging Verses for a Book"（「本のために詩をまとめている間に」）という彼女の詩を発行しました。その作品は、書くことの技術、そして、彼女が「完全な思考を表現するための完全な言葉」を見つけるためにどれほど苦心したかということを内容としていました。

　ジェインは5年間、小さな会社を転々としながら秘書として働きつつ、都市の探索も続けました。仕事を探すという仕事の合間に、マンハッタンのわくわくさせられる毛皮、花、皮革のお店や、そしてダイアモンド店の集中する地区を歩き回りました。それぞれの場所でそれぞれの製品が、大量に売り買いされていたのです。彼女は通りで立ち止まっては、店の主人や労働者に仕事について尋ね、バッグに入れた紙きれに書き留めたりしました。詩的な記述の才能を活かし、彼女は、働いている近隣地区について観察した内容を生き生きとした記事にしました。彼女は、これらの産業それぞれについての記事をファッション雑誌ボーグに提出することにしました。その雑誌は、彼女の記事の何編かをそれぞれ40ドルという驚くほどの高額で採用しました。それは、その頃のほぼ1カ月分の給料だったのです。それほど気前よくはありませんでしたが、ヘラルド・トリビューンも同様に彼女の特別記事の何編かを活字にしました。

　活字になった記事で自分の生活の糧の一部を稼いでいるというわくわく感を味わった後、ジェインは悲壮なときを経験することになりました。彼女の最愛の父親が病に倒れたのです。彼女と姉弟は、スクラントンに戻り、デッカー・バッツナー病院のベッドに集まりました。ジェインを激励してくれる存在であった父親は、1937年に59歳で亡くなりました。地域の皆が彼の死を悼みました。地方新聞は彼を、自身の人生を「苦しみを和らげること」に捧げたとたたえました。

　ジェインは重苦しい気持ちでニューヨークに帰ってきました。しかし、科学的な知性をもち思慮に富んだ父親が、物事を自分自身で見つめそして考えるように励ましてくれていたことを思うと慰められるのでした。魅惑的な都市を歩き回りながら、彼女は自身が「みすぼらしい鉄のワッフル」と呼んでいた幾百もの金属のマンホールの蓋が、都市の街路にはまり込んでいるのに気づきまし

2007年、グリニッジ・ビレッジの古いマンホールの蓋。ジェインの記事のテーマは、「働いている男性たちに注意：マンホールにある絵文字を読めば、下に何が走っているかがわかります」でした

た。「ニューヨークの街灯は町の宝石。でも、この都市のボタンやホックや目は、アスファルトや歩道に散りばめられた四角形や円形の金属の蓋なのです」と、彼女はキューという雑誌に載せた1940年の記事を始めています。彼女は、マンホールの蓋にある字を読むことで、人々がその下に通っている物を言い当てることができることを発見しました。科学的観察者、つまりは「都市の博物学者」よろしく、ジェインは「地下のスパゲッティ」を追跡しました。水道、蒸気、ガス、そして電気、さらには、「アップタウンの郵便局へと時速30マイ

ルで気圧(空気力)管の中を疾走する 500 通の手紙」〔気送管ポスト〕※1 さえも。

　ジェインは、自分の周りの世界を理解するために独創的な方法を開拓しました。子供のときから彼女は、歴史上の先人たちと会話をし、現代のことを全く知らない人たちに自分が見ていることを説明する場面を空想しました。最初はトマス・ジェファーソンと。でも、彼が一番興味のあるのは抽象的な思考のようでしたので、飽きがきてしまいました。対照的に、ベン・フランクリンは地に足の着いた適切な問いかけをしてきました。「彼は現代女性の服装にかなりぎょっとしていました」とのこと、「でも、慣れちゃいました」。彼女の会話は、交通信号はどのような働きをしているのかといったことさえも探究するものでした。セルディックという名の中世のサクソン人の場合は、ほとんどすべてのことを説明してあげなければならないので、最も有益でした。

グリニッジ・ビレッジのブリーカー通り 235 番地のラジエロ魚市場。1960 年代、クリストファー通りから遠くない所にある典型的な商業ブロック

1960年代、ローワー・イースト・サイドのリビングストン通り131番のハザン・ロックスミス。想像上の会話相手に説明するには面白い近隣地区です

　ジェインは、物書きの仕事を続けながら22歳のときに、大学の講義をとることで、たくさんある自分の興味のうちのいくつかを深めることにしました。日中は秘書として働いていたので、夜間にコロンビア大学の公開講座のクラスに出ました。当時は男性のみに入学が許可されていたので、ジェインは正式にコロンビア大に通うことはできませんでした。しかし大学公開講座については、正規のコロンビア大の学生とともに、誰でも受講登録することが許されました。それは、学びたいという強い希望がありながら、自身の都合もあるとい

第3章　ニューヨークで記者になり　29

うような人にとっては、申し分のない解決法でした。勉強の固定的なプログラムはなかったので、ジェインは、自分が興味をそそられたコースは何でも選択することができました。科学好きに駆り立てられ、彼女は、最初に地質学を学び、それから、化学と発生学、そして動物学、法学、政治科学、さらに、経済学へと進みました。講義は魅力的で、彼女は一生懸命勉強しました。かつては問題児だったこの学生が、はじめてよい成績をとったのです。

　憲法学のコースを選択したときのジェインの熱狂は、憲法制定会議——その場では、合衆国憲法の制定者たちが見解の異なる点について議論を闘わせていたのですが——の記録の研究をすることに結びつきました。自分がとてもおもしろいと感じたトピックに対しては熱中するジェインは、「実現したかもしれない憲法」と現実の憲法とを対比させ、不採用となった起草案の全記録を編集しました。1941年、ジェインがわずか25歳のときに、コロンビア大学

1940年代、コロンビア大学の法律図書館の前の学生たち。唯一の公式な高等教育として、ジェインは大学の公開講座を2年間履修しました

無煙炭の硬さにちなんで命名された「ダイアモンド鉱山と炭坑」は、スクラントンで最も古い炭坑でした。1852 年に開かれ、1933 年まで操業していました

　出版局は彼女の本として、Constitutional Chaff : Rejected Suggestions of the Constitutional Convention of 1787 , with Explanatory Argument（『憲法雑考：1787 年憲法制定会議不採用の起草案　解釈的論考を交えて』）を発行しました。著名な評者が彼女の学問的な貢献を書評で賞賛しました。

　2 年間の受講の後、ジェインは Iron Age（『鉄器時代』）誌で働き始めました。そこでは、彼女は金属産業についての記事を書きました。1941 年 12 月 7 日の真珠湾爆撃の後、アメリカ合衆国は連合軍に加わり、第二次世界大戦に入りました。戦争中、防衛産業の製造業は、軍隊のための飛行機、船、そして戦車を生産する工場について最新の情報を必要としていました。ジェインは戦時の装備のための新しい材料や製品について書き、また、戦争の経済的効果にも言及しました。

1943年3月、ジェインは Iron Age の特別記事の一つを利用して、自身の故郷スクラントンの悲惨な状況に対して注意を喚起します。1940年代の初頭に、いくつかの炭坑の無煙炭が枯渇したときに、25,000人の炭坑夫が職を失っていました。人々が職を求めて町を去っていったので7,000軒以上が空家になっていました。自分の記事の中でジェインは、故郷の都市がゴーストタウンになってしまうことを心配しています。彼女は、「軍事用の物資を製造するには理想的な場所であるスクラントンに、なぜもっと多くの会社が設立されないのでしょうか？」と問いかけます。充実した交通、豊かな燃料、熱意ある熟練労働力。

　数百の全国紙が「スクラントン ── 顧みられぬ都市 ── 」というジェイン

スクラントン救済キャンペーン関連の紙片：A＝『鉄器時代』におけるジェインの1943年の記事、B＝その記事を取り上げた新聞の紙面、C＝スクラントンの主導者 E. M. エリオットから『鉄器時代』へのお礼の手紙

マレー・コーポレーション。1943年12月に創業した、アメリカのB-29爆撃機翼工場

の記事を取り上げました。その記事は、シカゴ、バルチモア、シアトル、ボストン、フィラデルフィア、そしてカンザスシティで読まれました。ジェインは、ニューヨーク・ヘラルド・トリビューンにスクラントンの窮状に関するもう一つ別の記事を発表しました。また、連邦や州の役人を目当てに、スクラントンの新しい産業に対する優位さを指摘し、「手紙を書くキャンペーン」に参加しました。故郷での抗議大会の主要な話し手として、彼女は、この地方に工場を開くことによってその多くの資源を活用することを政府に訴えました。スクラントン・トリビューンの主導で、地方の市民組織も産業の誘致に向けて活発に運動を行いました。

　これらの複合的な努力が功を奏し、新しい工場が開設され始めました。1943

年４月、ワシントン在住のスクラントン出身の下院議員 E. M. エリオットは、*Iron Age* に「わずかこの１カ月間の成果」という題で、次のように書きました。「袋物工場、衣料製造工場、金属製品工場が二つ、そして、マレー・コーポ・オブ・アメリカが 500,000 スクエアフィートの工場を建てて、7,000 人を雇用しました」と。スクラントニアン誌の見出しは、「スクラントン出身の少女が故郷を助ける：*Iron Age* に載ったバッツナーさんの記事が全国に知れ渡る」と誇らしげに告げていました。ジェインは、発言が人々に知られるだけでなく、人々を行動へと動かす書き手になったのです。

Iron Age での目立つ記事にもかかわらず、同誌は、ジェインをトラブルメーカーとみていました。女性を劣位に考えていた彼女のボスは、たとえ彼女が准編集者に昇進し、重要な記事を書いていても、彼女を「単なるタイピスト」とみなしていました。

Iron Age を所有している会社も、ジェインを厄介者と思っていました。会社側は、労働組合に属している労働者を首にすると脅しました。雑誌のメンバーの何人かは、正当な給料を求めて労働組合に加入していました。事務仕事の人たちは、あまりにも少ない給料しか支払われていませんでした。また、同じ仕事をしていながら、女性編集者は男性の給料の半額でした。

ジェインはこのような不平等に我慢なりませんでした。彼女は組合の代表者になり、会社の役員に対し、労働者が会社の報復を恐れずに要求をすることを確実に認めさせるため尽力しました。ジェインのお騒がせだった児童期は、無駄ではありませんでした。彼女は、自分のためだけでなく、他の人々のためにも立ち上がり始めたのです。

《訳注※1》 気送管ポスト：
　気送管ポストまたは気送手紙は圧縮空気管を使用して手紙を送るシステムである。スコットランドの技術者ウィリアム・マードックによって1800年代に発明され、後にロンドン空気輸送会社によって実用化された。気送管ポストシステムはいくつかの大都市で19世紀後半から始まった（気送管郵便）であり、大病院のカルテ回送などにも活用されたが、20世紀にはほとんど廃止された。
(Wikipedia http://ja.wikipedia.org/wiki/%E6%B0%97%E9%80%81%E7%AE%A1、ほかより）

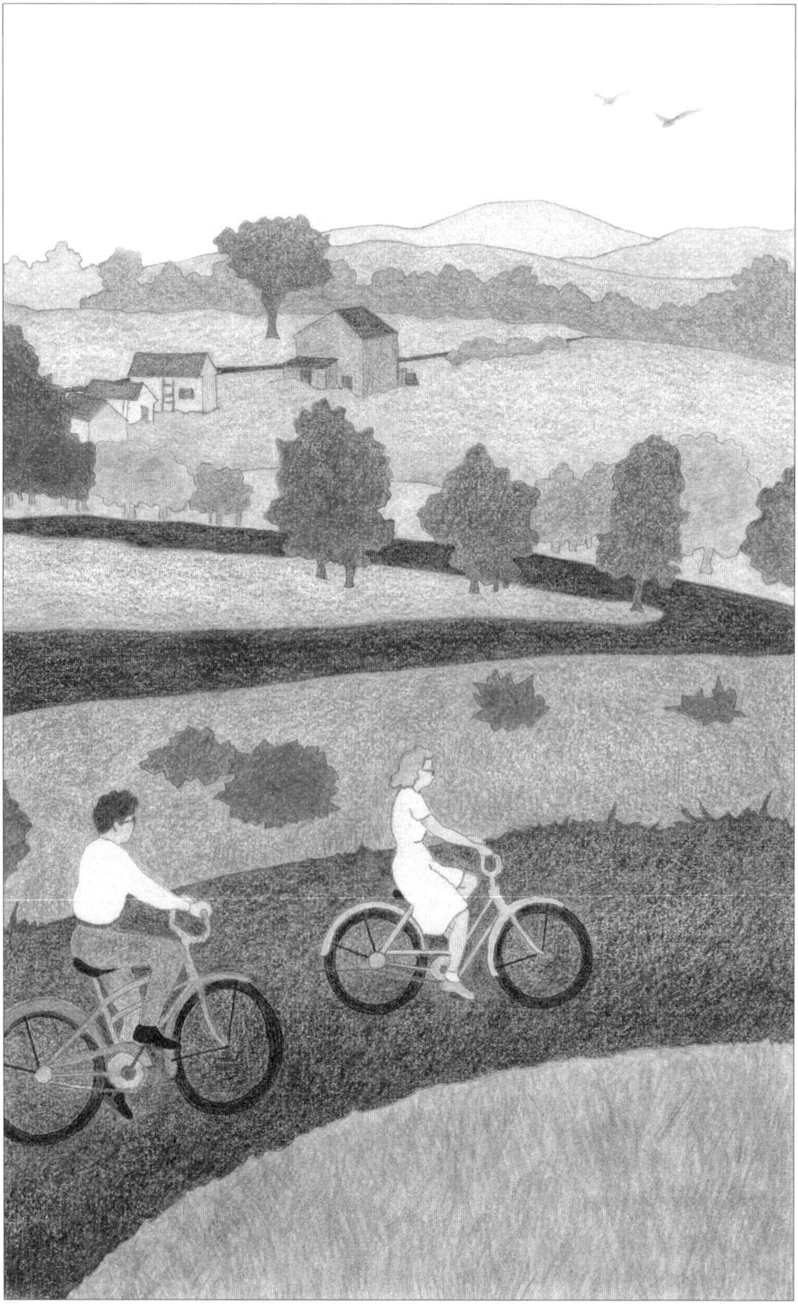

CHAPTER FOUR
Cupid and the Candy-Store House

第4章
キューピッドと
キャンディーストアの家に出会い

　1943年の後半、ジェインは、合衆国政府の戦時情報局で記者としての新しい仕事に邁進していました。そこは、愛国心をかき立て、アメリカ国民を戦争協力に仕向けることを目指していました。第二次世界大戦が終わり、1945年にそこが閉鎖された際、ジェインは、連邦政府の別の部署、── 国務省の雑誌部門 ── で仕事を続けました。*Amerika Illustrated*（『アメリカ図録』）と呼ばれていた美しい写真が載った光沢紙の雑誌に特集記事を書きながら、ジェインは、共産主義の専制国家の生活と対照させて、アメリカ民主主義をほめたたえることに助力したのです。そして、これらの記事はロシア語に翻訳されたので、共産主義支配のソヴィエト連邦の人々はアメリカ合衆国について知ることができました。
　Amerika Illustrated は、テキサスの農民たちについて、原子力の医学的利用について、さらには、当時ソヴィエト連邦では知られていなかったエアコンについての記事さえも載せていました。新しい職場はジェインに、彼女がこれからずっと関心をもち続けることになる話題について、詳しく調べ執筆する機会を与えました。アメリカの建築物、学校計画、衰退した地域の再建、裕福でない人たちのための住宅、そして、フィラデルフィアやワシントンD.C.のようなアメリカの都市の生活などといった話題です。
　戦時情報局にいた1944年3月のある晩、ジェインと姉は自分たちのグリ

ニッジ・ビレッジのアパートでパーティーを催しました。ベティが招いたお客さんの中に、航空機設計士として働いていた、黒っぽい髪の若い建築家、ロバート・ハイド・ジェイコブズ・ジュニアがいました。「それはあたかも、キューピッドが矢を放ったかのようでした」と、ジェインは後にしみじみと振り返っています。彼女とボブは一瞬にして恋に落ちました。彼らは、5月に結婚しました。実はもっと早く結婚したかったのですが、彼女がボブの両親に会うために延期したのです。

Amerika Illustrated（『アメリカ図録』）誌、1950年、43号に掲載されたジェインの記事「遅れた都市地域の計画された再建築」からの一頁。ロシア語の解説は、ニューヨークに建てられたこれらの手頃なアパートのよさを述べています

左：1944 年、キューピッドの矢の効き
目を見せつけるジェインとボブ

右：1944 年 5 月、ペンシルバニア州スクラントン
でのジェインとボブの結婚写真

　家族のメンバーだけが出席して、スクラントンのバッツナー家で、こぢんまりとした簡単な結婚式が行われました。体制順応型ではない性格どおりに、28歳の花嫁は、「トルコ石とフクシアで飾られた外出着丈」の衣装を着ました。その後、新婚の二人は、彼ら版の理想的な新婚旅行 —— ペンシルバニア北部からニューヨーク州の北部への自転車旅行 —— に出発しました。これが、長い幸せな結婚のスタートでした。ジェインは彼女の支えとなっている夫を、自分の「コーチであり、チアリーダー」と甘く述べています。

　彼女自身がそう呼んでいる、ボブとジェイン・ジェイコブズは、しばらくの間、ワシントンスクエア —— そこは、ビレッジの中央にある美しい公園で、人々が犬の散歩をしていたり、音楽の演奏をしていたり、日陰のベンチでくつ

第 4 章　キューピッドとキャンディーストアの家に出会い　39

ろいだりしていました —— のはずれにあるジェインのアパートで暮らしました。1947年、自分たちの家が欲しくて、彼らは、ハドソン通り555に、古い3階建てで6部屋のある、れんがの外壁の建物を買いました。1階にはキャンディーストアがありました。そこは、ウエスト・グリニッジ・ビレッジの荒れた、いくらか工場地帯がかった所でした。ボブの建築家としての技術を活かして、作業の多くは自分たちでしながら、建物を少しずつ修繕しました。彼らは、崩れてきていた前面の壁とすべての窓を取り替えました。また、全部ガラスで、裏庭がかなりむき出しになっている1階の背面を壁につくり替えました。「その家は、集中暖房になっておらず、当時としては相当古風でした」と友人は回想しています。

　ジェイコブズ夫妻のキャンディーストアの家は、クリーニング店と仕立屋さんとの間にこぎれいに建っていました。彼らは背面の窓から、彫刻家の隣人がメージーズ百貨店で働いていないときには白い石に人物像を彫っている様子を見ることができました。台所と前方にある寝室はハドソン通り、—— それは、

ハドソン通り555番地、「キャンディーストアの家」の前のボブ、ジェイン、息子ジミー。外観を大規模修繕する前に

2008年、片足スケートに乗った少女と配達の男性のいる、ハドソン通りの朝の歩道バレエ。ジェインの住んでいたブロックで、前に木のある「キャンディーストアの家」（今は、子供服の店）が見えます

店舗、食事どころ、さらにいろんな会社が建ち並ぶ賑やかな大通りです —— に面していました。

　大部分の人々にとってハドソン通りは、「倉庫や工場、店舗、バー、教会そして古いアパートの二つの列の間で交通混雑状態」にあるように見えていました。しかし、ジェインとボブにとって自分たちのウエスト・ビレッジ地区は、他の都市の近隣同様、「子供が成長するには素晴らしい場所」だったのです。なぜなら、そこは、「多様な経歴、仕事そして国籍をもつ人たちでいっぱいの、人口密度が高く、複雑で、おもしろいところ」だったからです。誰もが店舗の上階のアパートか、小企業や軽工業に混じって点在していた建物に住んでいました。

　1948年に、彼らの長男ジェイムズ・ケズィー・ジェイコブズ（通称ジミー）が生まれました。2年後、弟のエドワード・デッカー・ジェイコブズ（たいて

いは、ネッドと呼ばれています）がやって来ました。常勤の記者としての仕事と二人の幼い子供をもって、今やジェインは忙しい、有職の母親になっていました。

　母となったことでジェインは、都市についてまた別の見方をするようになりました。朝方早く赤ん坊の世話をするために目を覚まして、彼女はしばしば暗がりに座って、ハドソン通り側の窓をのぞきました。彼女は、「人影を見、歩道の音を聞くこと」が好きでした。彼女の好奇心は、いつも仕事にありました。近隣地区を安全で活気ある場所にしているのは何なのだろう、と彼女は思いを巡らします。

　ジェインの大きな考えは、たくさんの小さな観察から生み出されました。彼女は、「パーティーの会話の断片」を、またときどきは歌声や、朝の3時の叫び声さえも聞き取りました。ある冬の夜、彼女は、どこから現れたのかわからないようなバグパイプ奏者が群衆を引きつけているのを見ました。階下の歩道に

2007年、ワシントンスクエアでの現在のバレエ。若者も高齢者も、ぶらぶらしたり、踊ったり、演奏をしたり……

いた何人かがハイランド・フリングを踊り始めました。自宅の窓から見ていた人々が拍手喝采していました。ジェインは、通りが昼夜問わず安全なのは、それがいつも使われているからなのだということを悟りました。彼女には、こういった往来が「複雑な歩道のバレエ」のように思われました。

　朝のやや遅い時間に、ジェインが生ゴミ入れを出したときバレエが始まります。それは、あたかも「中学生の一団がキャンディーの包み紙を捨てながらステージの中央まで歩く（歩いた）」かのようでした。近くのお店 —— クリーニング屋、デリカテッセン、理髪店、そして金物店 —— の店主が、店を開けていきます。間もなく、近所の小学校に向かう幼い子供たちで歩道がいっぱいになりました。ジェインのような通勤客の男女が、通りに押し寄せていました。

　仕事のない日にはジェインは、昼食休憩時の勤労者が近所のレストラン、喫茶店、あるいは、パン屋さんのランチルームに集まってくる時間帯に、「真昼間」のバレエを観察しました。その後は、乳母車とともに母親たちがやって来

て、また学校の放課後は、十代の学生たちが玄関口の階段に腰を降ろして宿題をしていました。

　ジェインは、彼女が「特別なダンサー」と呼ぶ人たちにも注目しました。「古い靴のヒモを肩にかけた見知らぬ老人」とか、「長いあごひげをつけてスクーターに乗っている人」とか。バレエは午後の遅い時間帯に最高潮に達し、通りは三輪車やローラースケートや竹馬に乗った子供たちであふれます。夕方になりお店が閉まる頃には、ピザ屋さんやバーが情景を活気づけるのです。素敵な町のダンスは止まることがありません。

　自宅の窓から、あるいは町を歩いている最中に、ジェインは自分自身のやり方で、絶え間ない観察をし、物事をよくよく考察しました。彼女は、仕事上の記事を書くときや、自ら雑誌に寄稿するときには、自分の周りの都市生活の観察を考慮に入れて行っていました。いつしか、こういった観察が、都市を活気があり快適なものにするものは何なのかということについて、多くの人々の考え方を変えるほどの影響力をもつ本の基礎をかたちづくっていったのでした。

第4章　キューピッドとキャンディーストアの家に出会い

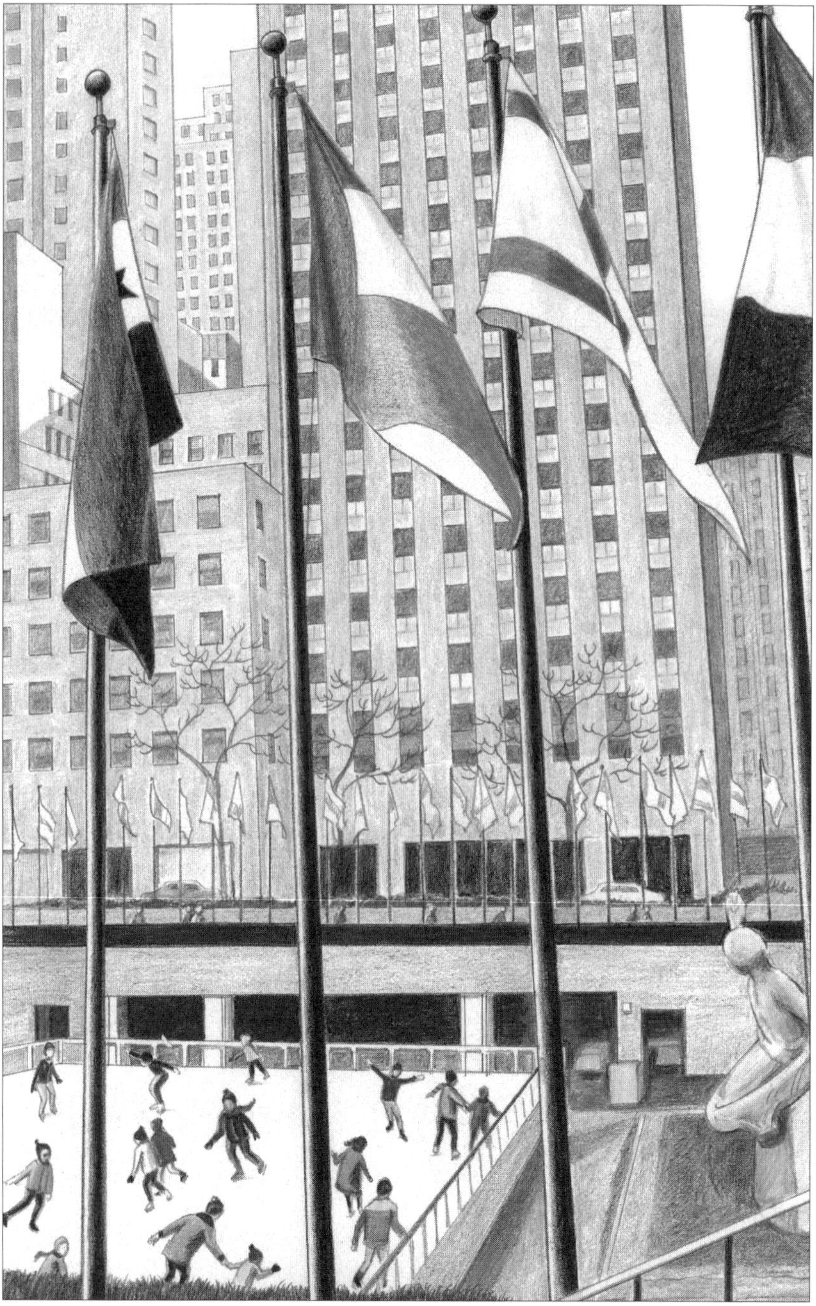

CHAPTER FIVE
Reporting and Learning at Architectural Forum

第 5 章
アーキテクチュラル・フォーラムで学びながらレポートを

　1952 年、国務省雑誌部はニューヨークの事務所を閉鎖しました。またまたジェインは、職探しをすることになりました。科学に魅了されていたため、彼女は「自然史」誌の仕事を考えていました。しかし、それにもかかわらず選んだのは、建築に関しては国内で最も尊敬を集める雑誌、「アーキテクチュラル・フォーラム」でした。ジェインには建築家としての経験はなかったのですが、同誌の編集者は、それだからよいのだと考えました。おそらく彼女は、新鮮な目で建物を見ることができるだろうと。

　ジェインは、病院と学校の建築を担当するよう編集者から依頼されたため、すぐに勉強しなければなりませんでした。建築家である夫のボブは、実施図面 ── つまり、建築家が施工業者に建築の部分部分をどのようにつなぎ合わせるのかを示した図面 ── の読み方を教えました。ほどなくジェインは、学校や病院だけでなく、あらゆる種類の建築について記事を書くようになりました。彼女はまた、都市計画 ── 街路や建物や公園といった都市のさまざまな要素の配置 ── についてもレポートしました。計画家たちは、どの地域に住宅や、店舗や、学校や、工場を建て、どこに道路を通すかということについてアドバイスを与えました。この雑誌社での 10 年間、ほぼ毎週 1 本の特集記事を書き、他にも多くの記事を編集していました。

　ジェインがアーキテクチュラル・フォーラムで職業に就いたとき、アメリカ

の大都市は重要な時代を迎えていました。全国にわたり、都市の指導者たち——市長、都市銀行家、大百貨店のオーナー——と都市計画家は、自分たちの都市について心配していました。大恐慌以来、ダウンタウンで建設される事務所ビルはほとんどなく、人々の収入は自動車の購入に回され、裕福な家族は、また中流の家族さえも、都市ではなく郊外に住むことを選択しつつありました。こういった家族は、都市の近隣では、しばしば犯罪、貧困、病気といった問題にさらされており、郊外の庭付き一戸建てという魅力に誘惑されていました。もし、あまりに多くの中流階級が出て行ってしまったら、この国の大都市、とくにそのダウンタウンは、衰え死んでしまうだろうと都市の指導者たちは恐れていました。

都市の指導者たちの気がかりは、近隣の変化でした。第二次世界大戦以降、南部からのアフリカ系アメリカ人やアパラチア人、そしてプエルトリコ人、メ

都市問題を議論する最重要雑誌「アーキテクチュラル・フォーラム」のオフィスでのジェイン

都市の暗い影、内と外
　左：マンハッタンのとあるスラムの裏庭
　右：イースト・ハーレムの、修理が必要なアパートの天井から抜け出した足

キシコ人の労働者階級の人々が、仕事を探しに都市に流れ込んできていました。新参者たちは稼ぎが悪く、その人たちが入り込んできたことで、かつては中流階級の近隣地区であったところがみすぼらしく見え始めてきました。さらに悪いことには、人種差別によってアフリカ系アメリカ人や他の非白人は、都市の特定の地区に閉じ込められ、小さなアパートに強制的に密集状態で詰め込まれたのです。何人かの家主はその状態につけ込み、自分たちの建物を危険なスラムで、過密で荒廃した、人の住みかとしてはふさわしくない場所のまま放置していました。

　都市計画家は、これらの近隣地区の荒廃を、伝染して都市をだめにする一種

の胴枯れ病（植物の病気）のように考えていました。計画家と役人は、古い建物のブロック全体を取り壊して、それらをきらびやかな新しい建物につくり替えること ── 都市更新として知られるコンセプト ── によって、荒廃した近隣地区を整備することを求めました。ときどき、古い建築物のあった場所に開発業者が、豪華な邸宅や政府の中核施設、あるいは劇場を建てました。またときには、計画家と役人は、政府が資金をつぎ込み経営する低所得者向けの新しい住まいである「公営住宅」を建設することによって、彼らを危険な混雑した家から救い出すことを望みました。スラムとみなされた地域を取り壊し、再建するための資金は、「Housing Act of 1949」(「1949年住宅法」）と呼ばれた法律によって、連邦政府から出されました。

現代的な形の体のよい高層の建物は、新しくよりよい生活様式を象徴していました。大恐慌と第二次世界大戦の厳しい時代を経験して、アメリカ人は、新

1960年代、チャールズ・リバー・パークと呼ばれた豪華なアパート。都市更新は、繁栄していたウエスト・エンドをこの高層住宅団地にとって替えました

しい家、近代的な家庭電化器具、そして最新モデルの車を切望していました。そのため、指導者が都市の荒廃の治療法を見つけようとしたときに、彼らが思い描いたのは、近代的な形の新しい建物でした。

　編集者たちは、アーキテクチュラル・フォーラムのロックフェラーセンターの事務所から、マンハッタンのミッドタウンを見晴らすことができました。彼らは、自分たちの雑誌を、現代の建築を論じ都市が直面している難しい問題を討論する一流の場にしたいと思っていました。記事の中で彼らは、次のような緊急の質問：「都市更新やアメリカの都市の再建のために最もよい方法とは？」、「高層の建物に住むべきでしょうか、それとも、低層に住むべきでしょうか？」、「車のための場所をつくるために、都市空間をどのように再編すべきでしょうか？」、「事務所と住宅の位置関係はどうあるべきでしょうか？」などの問いに答えることを試みました。

　ジェインのアーキテクチュラル・フォーラムのための題材探しの旅ーーおよび、ある幸運な会議ーーが、これらのトピックについて彼女の考え方をまとめる助けになりました。1954年に、有名な都市計画家であったエドムンド・ベーコンは、フィラデルフィアへの旅行にジェインを同行させました。その旅行は、貧しい近隣地区の混雑した通り沿いを歩くことから始まりました。それは、鮮やかな情景でした。ジェインは、「人々が窓の外を見ているのを」、また、ポーチに座っているのを、そして、「子供たちが通りで遊んでいるのを」観察しました。ベーコンはジェインに、通り一本向こうの、新しい高層の公営住宅プロジェクトを誇らしげに見せました。辺りを見回しながら、彼女は何かがおかしいと感じました。とり散らかっていて、混雑した通りにいる人たちが「自分自身でも、またお互いにも楽しんでいる」様子なのに対し、ジェインは、新しいプロジェクトの小ぎれいな通りには、「タイヤを蹴っている小さな男の子の他には」人がいないことに気づきました。たぶん、エドムンド・ベーコン（彼女は後に彼のことを"the big pooh-bah"〔大ばか〕と呼びました）は、勘違いをしていたのだろうと。たぶん、建築家や計画家にとってよいと思われる計画案は、実際にはそのようには機能していないのだと。

後に、ジェインはボストンに旅をしました。そこで彼女は、似たような光景に出会いました。彼女は、そこでは、低層のアパートの間にパン屋さん、靴店、そして他の小さな店舗がコンパクトに並んでいるノース・エンドの近隣地区をほめています。あらゆる年齢の人々が通りをうろうろしていました。都市更新の便益を確信して、都市政府は、近隣地区——ノース・エンドに隣接した類似の地区であるウエスト・エンド——をまるごと引き裂き、ブルドーザーで整地し退屈な高層の建物をつくりました。

　1955年に、ジェインは、娘のメアリー（彼女は後に、父方の祖母の旧姓であるバージンという名前を選びました）の誕生のために、短い産休をとりました。ジミーやネッドの誕生後もそうだったように、たった数週間で彼女は復職しました。ジェインとボブは、赤ちゃんとお兄ちゃんたちの日中の世話のためにベビーシッターを雇いました。

1950年代、ボストン、ノース・エンドの活発なストリートライフ。この地域は、ボストンの破壊されたウエスト・エンドに隣接しており、似通っていました

イースト・ハーレムのユニオン・セツルメントのオフィスでのウイリアム・カーク
彼は、ジェインに近隣地区やダウンタウンの「見方」を教えました

　アーキテクチュラル・フォーラムに戻って、ジェインは、ニューヨーク、ボストン、そしてフィラデルフィアのような都市の、大規模な都市更新プロジェクトの見聞について不可思議に思っていました。そんなある日、彼女は、自分の疑問を共有する人物と出会いました。

　英国教会派の牧師、ウイリアム・カークが、編集者であった友人を訪ねてアーキテクチュラル・フォーラムの事務所に来ました。カークは、イースト・ハーレムのアッパー・マンハッタン近隣地区の貧しい人々を援助していた組織である、ユニオン・セツルメントの代表者でした。その地域で、教育、栄養摂取、そして娯楽のプログラムを提供しながら、セツルメントは、増加するプエルトリコ人やアフリカ系アメリカ人のために尽力していました。1949年から

イースト・ハーレムで働いていたカークは、古い近隣地区が壊され、大規模な高層の公営住宅プロジェクトにとって代わられた際には、何が起きているかを見抜くことができました。彼とジェインはすぐに友達になりました。

　カークは、ジェインをイースト・ハーレムへの見学に誘いました。彼は彼女に、どれだけ広範囲にわたる破壊が、貴重な社会的ネットワークを断絶させているのかを見せました。巨大な高層住宅の「スーパー・ブロック」には、人々を結びつけてきた新聞売店やかどの店々のような場所がありませんでした。高層の建物からは、両親は、自分たちの子供たちが外で遊んでいるのを見ることができませんでした。犯罪の増加に伴って、人々はエレベーターを使うことを恐れるようになり、また、子供たちは遊び場から遠ざかるようになりました。アメリカ合衆国政府が、イースト・ハーレムの貧困、犯罪、生活状態の改善のために数百万ドルをつぎ込んだにもかかわらず、状況は改善どころか――ますます悪化してきていたのです。近隣地区は、以前より安全ではなくなり、住民も満足しないようになっていました。

ハーレムのグラント住宅。ニューヨーク市住宅局によって1957年に完成した公営住宅プロジェクトのスーパー・ブロックです

ジェインは、カークと彼の協力者が解決しようとしていた問題に深く悩まされていました。彼女は、ユニオン・セツルメント協会に加わり、ウイリアム・カークが、イースト・ハーレムの状況に対して都市政府の注意を向けさせるのを手伝う時間をどうにか見つけました。彼女の主要な業績の一つは、イースト・ハーレムの居住者が、自分たちの近隣地区の公営住宅計画に関わることが可能になるようにすることでした。ジェインにとって、熟練した書き手になることでは十分ではなかったのです。彼女は、自分が関心をもった問題に、積極的に関わり始めていました。

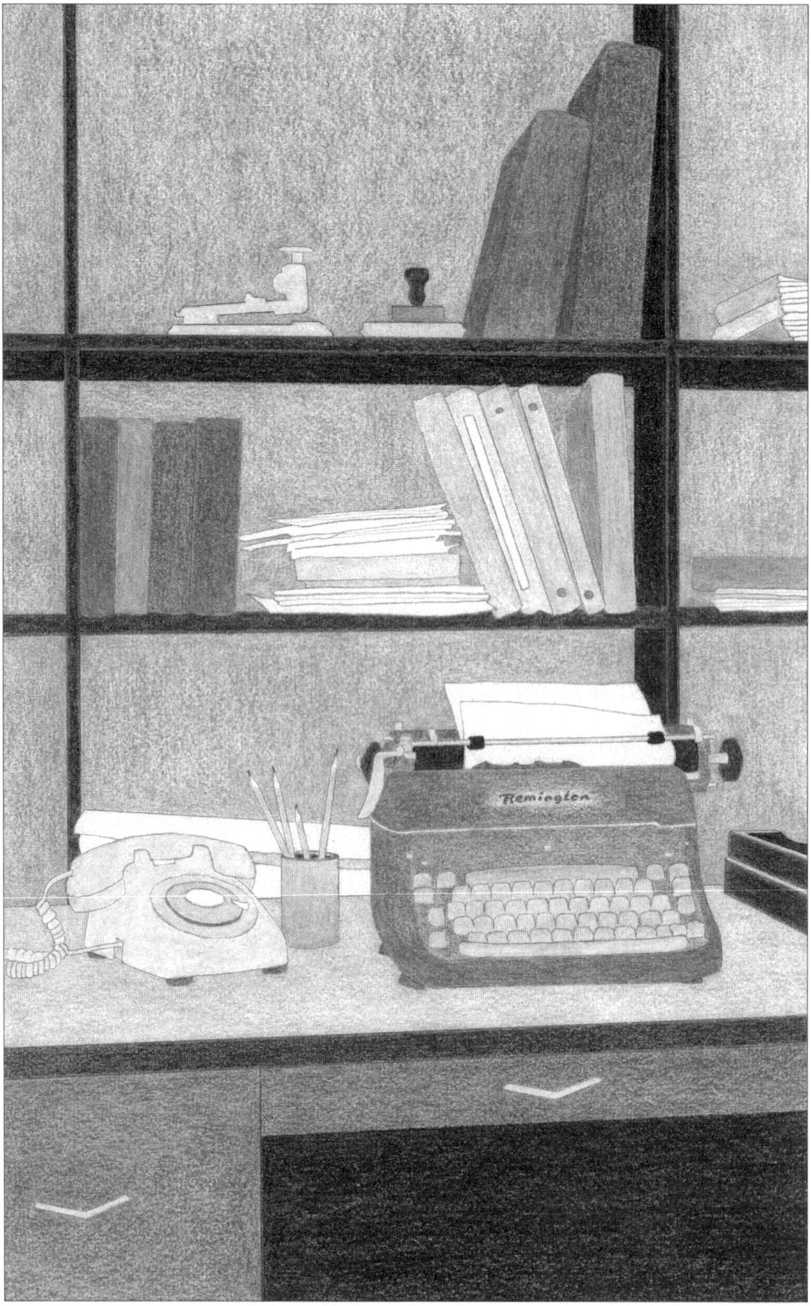
Remington

CHAPTER SIX
Jane's Good Fortune Article

第 6 章
ジェインの「幸運な」記事は

　1956 年に、ジェインは自分の知らないうちに、人生を変えることになる機会を得ました。アーキテクチュラル・フォーラムの編集長がハーバード大学での講演をすることができなくなったとき、彼は、代わりにジェインに行くように頼みました。これまでの人生でずっと舞台負けに悩まされてきていたので、最初、彼女は話をすることに気がすすみませんでした。驚いたことに、学校の食事室で紙袋をポンとはじかせたかつての教室のふざけんぼうは、自分が大聴衆の前で話をしなければならなくなったとき、臆病になっていました。しかし、彼女は結局、受け入れました ── 自分が話したいことを話すことができるという条件で。そして、公衆の面前で演説するという試練を成し遂げた証となる 10 分間のこのスピーチは、彼女の記憶に残るものとなりました。

　ジェインは輝かしい演説をしました。彼女が、都市の通り沿いのより小規模な建物の向こうの、活気のないスーパー・ブロックの高層住宅を好む都市計画家の間違った方向への努力を攻撃したとき、彼女のまっすぐな語りは、聴衆を動かしました。彼女は、「キャンディーストアや簡易食堂のような小さなところがなくなり、人々が出会う場所がだんだん少なくなってきている」と主張しました。あるイースト・ハーレムのプロジェクトで、ジェインは、「クリーニング店が大人のための社会センターとして機能している唯一の場である！」と指摘しました。住宅や、企業、間借り教会、そして行政上の集会所をブルドーザー

で整地することは、コミュニティ全体を破壊したのです。都市更新は、援助の対象とされている人々そのものを傷つけてきたのです。

聴衆の中に、フォーチュン —— 多くの一般読者を抱え、人気があり、影響力をもつビジネス誌 —— の編集者のウイリアム・ホワイトがいました。ジェインの独創的な考えに感銘を受けて、彼は彼女に、フォーチュンの「爆発する巨大都市」という都市に関する次のシリーズに記事を書くように頼みました。その雑誌社で働いていた他の人たちは、「女性 —— とりわけ、自転車で通勤し、空き時間は、近隣地区の活動家などとして過ごしている —— 」に、「疑いの念」をもち、「大した記事は書いていない」と文句をつけました。しかし、ウイリアム・ホワイトはこれを説き伏せ、ジェインは公の人への道を歩みつつありました。

「あなた方は、外に出て歩かなければなりません」と、ジェインは、広く読まれた「ダウンタウンは人々のためのものである」と名付けられた、フォーチュ

1963年、仕事場から自宅へとワシントン通りを自転車で走るジェイン。自転車は、ジェインの好みの交通手段でした

ボストン、アーリントン通り。愛すべき教会が、大きな目抜き通りであるボイルストン通りの焦点である角に立っています

ンの自身の記事で言明しています。彼女は読者に、都市をおもしろくしている事物に気をとめることを勧めました。そして、ハーバード大学での演説同様に、通りの生活の「楽しい大騒ぎ」を促進するような建築のあり方を要求しました。

「今は、都市の将来にとって危機的な時代です」と、ジェインは書きました。「国じゅうの市の指導者や計画家は用意しています ⋯⋯ わたしたちの都市の中心の性格を来るべき世代のために定める、再開発プロジェクトを」。

彼女は、「そのプロジェクトはどのように見えますか?」と尋ねました。それから、「専門家」をあざけりながら、ジェインは自分の質問に自分で答えていま

す。「それらは、広大で、公園のようであり、混雑のないものです。長い緑道の眺望が特徴的です。堅固で左右対称な秩序だったものです。清潔で、印象深く、記念碑のようです。管理の行き届いた威厳のある墓地の特性をすべて備えているようなものです」。

多くのダウンタウンが汚れ、混雑した場所になっていることに同意する一方で、ジェインは再び大規模プロジェクトによる再開発を、「通りを排除する」ものであるとさらに強くそしりました。彼女は、サンフランシスコのメイデン・レーンやニューヨークのロックフェラーセンターのような成功した都市空間を賞賛しました。そこでは、通りの光景の多様さが都市の生活を「驚くべき、非常に愉快な」ものにしていたのです。

噴水や時計、広場、あるいは珍しい建物のような関心を集める地点の値打ち

2007年、看板が明るく照らされている夜のタイムズ・スクエア。劇場地区の近くに位置し、昼間はまるで大騒ぎです

2007年、昼間のカーネギー・ホール。夜には、同じ通りにコンサートの常連が押し寄せます

を強調しながら、ジェインは、きらびやかな数々の看板に彩られたマンハッタンのタイムズ・スクエア、そしてまた、そこでは教会の尖塔が感嘆符のように建物の並びを区切っている、ボストンのアーリントン通りのような場所をほめています。ジェインは、わたしたちの、ある特定の都市空間にいるという感覚は、「たくさんの小さな事物 …… 何人かのとてもわずかの人たちがそれを当然のことと思う事物 …… によってつくり上げられています」、その事物とは、「さまざまな種類の舗装、標識や消火栓そして街灯、白い大理石の玄関ポーチのようなものです」と書きました。彼女は、ある都市を他の都市とは違うものならしめている特徴を活かすよう計画家に促しました。丘の上につくられた都市は、高さの変化をおもしろく使えないでしょうか？水辺は、もっと存分に楽しめるようにできないでしょうか？彼女は、すべての大都市はその個性を大事にするべきであると思っていました。

　ジェインは、「二交代制都市」（「two-shift city」）の考え方を紹介し続けまし

た。自分の概念を実例で説明するために、彼女は、有名なコンサート場であるカーネギー・ホールを抱える、ニューヨークの 57 番街を指摘しました。このブロックでは、住宅、劇場、レストラン、そして小さな事務所の豊かな混合が、歩行者が確実に日中も夜間も通りにいる状態をもたらし、通りは連続的に利用されていると、ジェインは書いています。ジェインはさらに、読者を、次のようなちょっと変わった疑問に駆り立てていきます。「なぜおいしいステーキハウスは、普通、古い建物にあるのでしょうか？」あるいは、「なぜ、短いブロックは長いブロックより、概してにぎやかなのでしょうか？」。

　まもなく、ジェインの読者はさらに増加し、アメリカの都市について自分たちの考え方を逆転させていきました。都市設計の先導的な研究を支援する組織であるロックフェラー財団の人々は、ジェインの著述を学びその重要性を理解しました。彼らは、先にフォーチュンの記事で彼女が出した考えを発展させることを望んで、彼女に助成金を与えました。この助成金は、ジェインがアーキテクチュラル・フォーラムでの仕事を休止し、都市に関する本を書くために全時間を費やすには十分な額でした。さらにもう一つ別の栄誉が続きます。ニューヨークの名門の出版社であるランダム・ハウスの編集者のジェイソン・エプシュタインが、ジェインの本の出版を熱心に申し出たのです。これはその後長く続く仕事上の関係の始まりでした。彼は、彼女が生涯出版する本のほとんどに編集者として関わったのです。ジェインは、彼女が言うべき内容や、彼女の独創的な言い方を変えずに有益な示唆をする、知覚力があり心の広い編集者として、エプシュタインの手腕を認めていました。

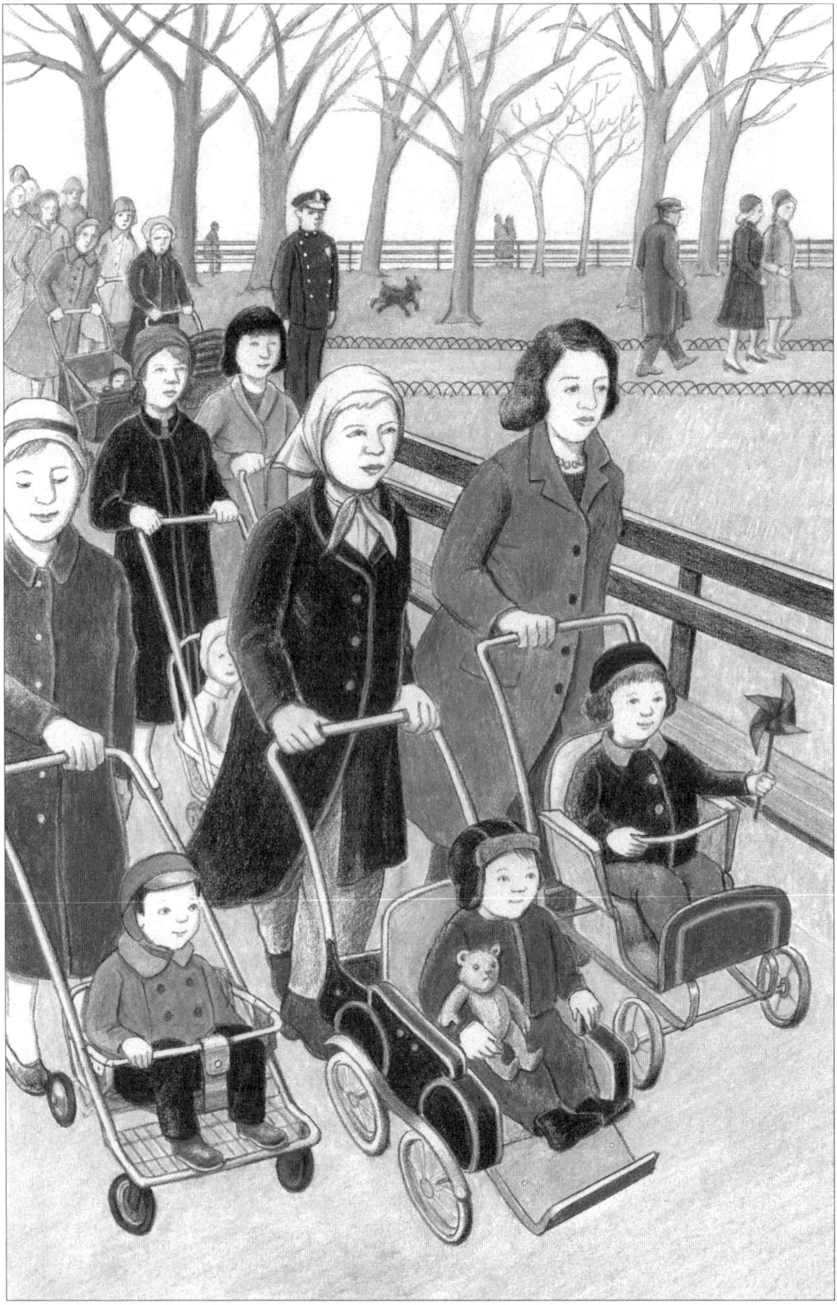

CHAPTER SEVEN
A Bunch of Mothers . . . and Children

第7章
母親たち、そして子供たちを束ね

　ジェインが都市計画や都市に関する本を書いている間に、彼女を仕事の外に引っぱり出す、ある事件が起きました。彼女は、自身の近隣地区の友達のネットワークから、4車線の幹線道路をワシントンスクエア公園のすぐそばにまっすぐに通すという計画を知りました。壮大な大理石のアーチ門を持ち、中央に噴水のあるワシントンスクエアは、ずっとグリニッジ・ビレッジの中心でした。ロバート・モーゼスという名の強力なニューヨーク市の役人と彼の支持者は、大切にされてきたニューヨーク市民の集まる場所をまさに破壊しようとしていました。ジェインは、この暴挙を止めるために何かをしなければならないと感じました。再び彼女は、自分の考えを行動に移します。

　ロバート・モーゼスは、数十年前の1920年代に、その長い支配を開始していました。公園や道路に関係するいくつかの州の事務所を渡り歩くことに加え、しばしば同時に、彼は、公園の委員、都市建設調整官、そしてスラム一掃委員長の職に就いていました。また、他の都市でも機関の長を務めていました。連邦基金の援助や裕福で有力な指導者の後援を受けて、彼は、プールや運動場から、橋や州間高速道路にまで連なる、大胆な公的建造物を夢想し実行しました。その決断力と傲慢さは有名で、衝突を避けようとせず、モーゼスは――いかなる他の個人よりも――ニューヨークの物的な外観に責任を負っていたのです。

多くの市の役人や一般大衆は、モーゼスと彼の意欲的な大規模プロジェクトが、ニューヨーク市をよりよく変えたと思っていました。彼らは、モーゼスが、自動車通勤者が郊外に住んで都市で働くことができるように、高速道路や橋を建設することによって、都市を現代に導いたと感じていました。彼は、ばく大な数の低所得の居住者を、荒廃した建物から現代的な公営住宅プロジェクトに移転させました。彼は、公園をつくり、ジョーンズ浜をレストラン、脱衣場、そしてロングアイランドの南岸の遊歩道を備えた場所として開発しました。また、彼は、イースト川に沿った17エーカーの敷地をアメリカ合衆国の本部の用地に計画することを指導しました。しかし、彼の崇拝者も彼の批評家も一つの事——非常に大きな力と妥協しない姿勢をもっていて、モーゼスは阻止で

1956年、ロバート・モーゼス（左）とニューヨーク市長のワグナー（右）がグラント住宅建設現場を訪れました（54頁参照）

1950年代、ワシントンスクエア公園で遊んでいる子供たち。ロバート・モーゼスは、公園を貫く4車線の幹線道路を走らせることを提案しました

きない —— という点では意見が一致しました。そして、彼は、自分の行く手に立ちふさがるあらゆる事物を破壊することを躊躇しませんでした。

　モーゼスがワシントンスクエアを通る高速道路を計画していた1950年代までに、彼はすでに、いくつかの大きな高速道路の建設を監督していました。スピードをあげている自動車用の道路をつくるために、この計画は、人家と仕事場を取り壊すことを必要としました。これらの近隣地区の居住者たちは反対しましたが、モーゼスと彼の支持者は、それには少しも耳を貸しませんでした。モーゼスは、たとえ、人間関係の緊密な都会の共同体が犠牲にされたとしても、ますます台数の増える車が都市を素早く通りぬけることの方が重要であると感じていました。それは、発展のための犠牲なのだと。そして、法律は彼の味方でした。政府の役人は、もし、それが公に利益を与えることを説明することができるのであれば、「土地収用権」によって個人財産を取り去ることができまし

た。そして、1956年の「連邦高速道路促進法」は、全国土的な高速道システムのためにお金を用意するものでした。「ワシントンスクエアを通る高速道路なくしては、ローワー・マンハッタンの交通は行き詰まりになるでしょう」と、モーゼスは主張しました。

かつて向上心に燃えていたシャーリー・ヘイズという名の女優は、ワシントンスクエア公園を高速道路で分かつという都市の計画に遭遇したときに、行動主義者のお母さんになりました。曲がりくねった道路がすでに5番街から延びており、バスは公園の中にあるルートの終点で回転することができました。しかし、シャーリーは、1952年に例の都市計画を発見し、公園を守るため数年間活動しました。彼女は、抗議の手紙を市長や市の他の役人に送るために仲間を組織しました。

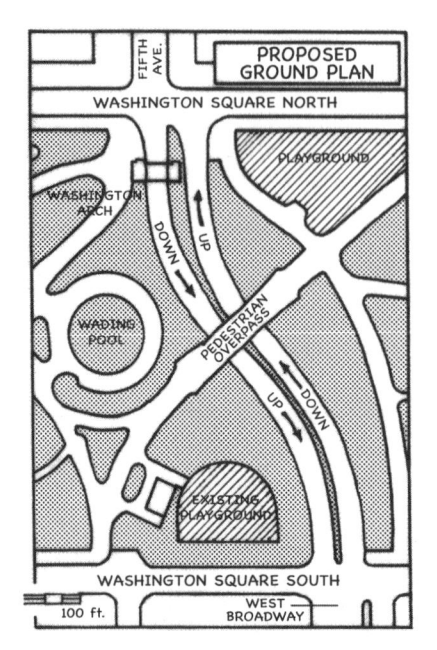

左：1955年、3月11日、提案されたワシントンスクエア公園を貫く幹線道路の地図
右：1960年代、ワシントンスクエアにあるつくり付けのテーブルの一つでプレイするチェスプレイヤーたち

2007年、ワシントンスクエア公園。中央に噴水、たくさんの木々、そして彫刻がほどこされた大理石のアーチ門

　子供たちが遊び、ローラースケートをし、また、大人たちがぺちゃくちゃしゃべったりチェスをしたりしている公園を守ることを望んで、ジェインと夫のボブは、うろたえながらも市の役人に3万枚のはがきを連射砲のように送りつけていた、ニューヨーク市民の面々に加わりました。ジェインとシャーリー、そして他の人々は、公園の近くにテーブルを置いて、そばを通る人すべてに、高速道路を止める請願書にサインをするように求めました。交通が危険をもたらすことを説明するために、ベビーカーに入った子供をつれたたくさんの母親が公園に集合しました。年上の子供たちはポスターを掲示し、親たちと抗議集会に行きました。人々に請願書について知らせる看板が前面と背面の両方についた、サンドイッチ状の板をまとった子供もいました。

　この特定の問題に関するあらゆる種類の近隣地区の組織を一つにするために、公園の支持者は慎重に言葉を選び、自分たちの集団を「緊急交通以外のす

べての交通に対し、ワシントンスクエアを閉鎖するための共同緊急委員会」と名付けました。賢明な戦略家であったボブ・ジェイコブズは、ウエスト・ビレッジ地区選出の州議会議員 —— その人は再選に立候補していました —— を説得し、他の政治家を彼らの運動を擁護する側に加わらせるようにしました。新しい近隣地区の週刊新聞『ビレッジボイス（Village Voice）』は、記事で抗議を奨励しました。以前ビレッジに住んでいた、かつてのファーストレディであるエレーナ・ルーズベルトまでが援助の手をさしのべました。

　モーゼスは、自分の計画が危機にひんしていることがわかったとき怒り狂いました。公園の運命についての集会で、彼は立ち上がり、拳を握りしめて怒鳴りました。「これに逆らう者は誰もいない —— 誰も、誰も、誰も！ある一団、ある母親の一団以外には！」。それから彼は、足を踏みならして出て行きました。

葉書を送るための指図がつけられた、ワシントンスクエア公園抗議ポスター

1958年11月1日、公園から交通を閉め出す象徴としてのリボンを持つ3歳半のメアリー・ジェイコブズ（中央）ともう一人の少女

　モーゼスではなく、ビレッジ住民が嬉しかったことには、共同緊急委員会は、消防車、救急車、そしてバス以外のすべてに対して、30日の試験的な公園の閉鎖を勝ち取りました。勝利を祝う1958年11月の儀式では、3歳半のメアリー・ジェイコブズともう一人の少女が、アーチ型の出入門のところで交差させて、象徴的な交通止めのリボンを結びました。委員会が予言したように、交通混雑は全く起きず、「公園を通り抜けることを懇願する運転手は全くいませんでした」。翌年、市は、公園をあらゆる交通に対して、永久に閉鎖することを票決しました。そして、使われていない道路についに草が生えました。ビレッジ住民はモーゼスの計画を阻止することに成功したのです！そして、ワシントンスクエアを守る闘いに参加しながら、ジェインは、彼女の言葉で言えば、「公

人」そして、共同体指導者(コミュニティリーダー)になりました。

彼女は、自身の都市を守るための行動をとらなければならないと思いましたが、それによって、彼女の本の執筆時間がなくなりました。「市民が自分たちの仕事を仕上げることができなくなるようなやり方で、市が市民を脅迫するのは、とんでもない押しつけです」と、ジェインは不平を訴えます。誰がじゃましようとしても、彼女の子供たちでさえ、自分たちの母親の仕事を妨害するようなばかなことはしませんでした。数年後にニューヨーク市長が電話をしてきて、ジェインと話がしたいと頼んだとき、メアリーは、「わたしの母は、午後4時以前は会話の時間がとれません」と、断固として答えています。

ジェインが11歳のジミーを寝具にくるんで寝かせていた1960年3月の晩

ネッド・ジェイコブズとメアリー・ジェイコブズ。ハドソン通りの「歩道救済キャンペーン」の嘆願書を受付中

1960年代、チャールズ通りからハドソン通りを南に臨む。この通りの界隈は、高速で車が行き交う危険な道路になったかもしれませんでした

に、彼は彼女を見上げて、「ぼくたちの木がなくなりそうだよ」と、悲しげに言いました。一家は、数年前に彼らの家の前の縁石の近くに木を植えていました。「どうしてそんなことを言うの？」と母親は聞きました。ジミーは、彼らの家の前で、測量器具を持った男の人たちが歩道の測量をしているのを見たことを説明しました。測量に興味をもっていたネッドは、その男の人たちとおしゃべりするために立ち止まりました。彼らは彼に、通りの両側から歩道を5フィート取ってハドソン通りを拡張することを市が計画していることを話しました。彼らは、木を切り倒さなければならなかったのです。

　子供たち同様に、ジェインは市の計画を聞いて動転しました。ハドソン通りは、2本の他の繁華な通りとつながっていました。ロバート・モーゼスと彼の支持者は、交通量が増加したときは、解決法は、それを収容するためにより大きな道路をつくることであると考えていました。しかし、ジェインは、より大量の車がより容易に流通することを認めることが、現実には交通量を増やすと

第7章　母親たち、そして子供たちを束ね

いうことに気づいていたのです。翌朝、ジェイコブズ一家は、自分たちの通りを拡張する計画の停止の請願書を書き、コピーを作成するために地元の印刷所に行きました。最初、印刷工は彼らに、たいへん忙しいので数週間待ってもらわないといけないというようなことを言っていました。しかし、子供たちの一人が、「それまでに歩道が切り取られてしまうよ！」――まさしく、店の前の歩道が――と叫んだとき、彼は聞き入れてくれました。請願書は、1時間で用意できました。

電話線がざわめき、最新の恐るべきニュースがグリニッジ・ビレッジじゅうに広まりました。鮮明に心に刻まれたワシントンスクエア公園での勝利を背に、全近隣地区のビレッジ住民は、ジェインを委員長として「歩道救済委員会」を結成しました。彼らは、請願書を店舗に置き、歩道に沿ってテーブルをセットしました。ネッドとメアリー・ジェイコブズは、自分たちの家の前のテーブルに座り、通りの拡張は近隣地区の事業や家庭にとって有害であり、子供にとって危険であり、さらに交通量を減らす助けにはならないため、請願書にサインをするように通行人に求めました。

「歩道救済委員会」は全地域からメンバーを引き出してきていたので、政治家は、再選されたいなら無視するわけにはいきませんでした。委員会が請願書をマンハッタン行政区長の事務所に届けた後、委員会は、「市がハドソン通りの拡張を中止した！」ということを知って感激しました。「その後のあるとき」と、後にジェインは語っています。「ジミーは昼食に帰宅する途中でした。彼は立ち止まり、通りで仕事をしていた何人かの作業員に、何をしているのか尋ねました。彼らは、『小さい子供には言えねぇよ』と言いました」と。

第7章　母親たち、そして子供たちを束ね

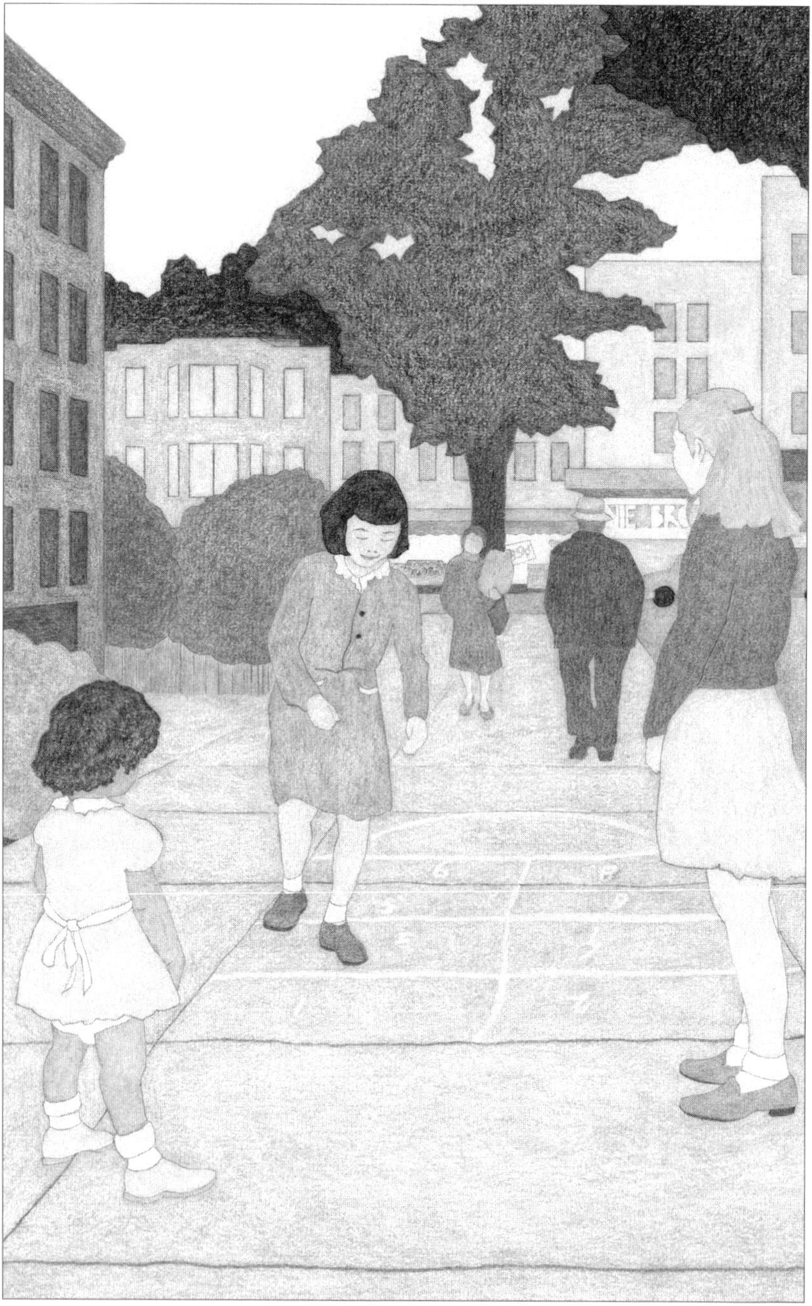

CHAPTER EIGHT
An Attack on City Planning

第 8 章
都市計画に挑戦して

　ハドソン通りを救い、ワシントンスクエアを守ることに気も狂わんばかりであったにもかかわらず、ジェインは、助成金を受けた本の執筆のために何とか時間を割きました。ウイリアム・カークとの語り合い、彼女自身の鋭い観察、そして長年にわたる執筆のすべてが、彼女が『アメリカ大都市の死と生』（以下、『死と生』と略すこともあります）※2 と題した本で融合しました。

　ジェインの冒頭のひとくだりは、ときの声でした。「この本は、現在の都市計画と再開発に対する攻撃です」と、彼女は宣言します。「それはまた、そして主に、都市計画と都市再開発の新しい原理を紹介するための試みであり、目下、建築や都市計画の学校から日曜日の増補版や婦人雑誌まであらゆるもので教えられていることとは異なり、むしろ反対のものでさえあります」。

　これらの学校や雑誌は単に通俗的な考え —— 都市の更新が大流行であるということ —— を反映していました。国じゅうのいたるところで、大都市も小都市も、熱狂的に古い地区を取り壊し、誇らしげに再建していました。地方自治体の役人は、米国政府の貸付金やこの目的のために利用できるようにつくられた「1949 年住宅法」の補助金を獲得するために、ワシントン詣でをしていました。

　彼女特有の大胆さで、ジェインは、都市更新の考えのみならず、建築家や都市計画家が都市再開発を決定する方法にも挑みました。スイスの建築家ル・コルビュジエは、『輝く都市』※3 と呼ばれる影響力のある計画を考案しました。自

動車の時代に、彼は、芝生で覆われた平坦な空間に囲まれた、高速道路のネットワークがはりめぐらされた高層の建物群を思い描きました。多くの人々は、ル・コルビュジエの「公園の中のタワー」は、開放的な緑の空間を保護しながら、都市に大量に必要とされている住宅を供給する理想的な方法であると思いました。

　しかし、『輝く都市』の考え方は、ジェインにとっては意味をなしませんでした。彼女が本のはじめで謝意を述べているウイリアム・カークは、彼女に、大規模プロジェクトは、しばしば確立したコミュニティを破壊することを示しました。活気に満ちた通りの生活がなくては、これら新しいプロジェクトの多くは寒々としたものになり、犯罪の悪化が、彼らが取り替えようと考えているいわゆるスラムよりももっと悩ましいものとなるのです。セント・ルイスの、ある巨大公営住宅開発は、「建築後20年も経たないうちに取り止めにしなければ

1935年、フランス、ル・コルビュジエによるパリのための「輝く都市」の提案模型

1939年、メリーランド、グリーンベルトの計画された「田園都市」。左の中央には、地域センター、学校、水泳プール、そしてショッピングセンター。上方には、輪の形につながる住宅

ならなかった！」ということで、明らかな失敗でした。

　ジェインはさらにもう一つ別の、『田園都市』※4 ── そこでは、2、3階の家々が、大きな緑地空間の周りに建てられています ── として知られている評判のよい計画を攻撃しました。学校、工場、店舗は、通常の郊外のように人々が職場まで遠く移動をする必要がないよう、近くに建設されました。道路は、住宅群の外周を走り、これらの島のようなコミュニティを互いに結びつけました。

　では、これら人好きのする場所を嫌う何がそこにあるのでしょうか？「あまりにもきちんとし過ぎています」と、ジェインは主張しました。『田園都市』も『輝く都市』のように、密度の高さと、雑踏の通りでの自分たちの仕事に歩き回っている多様な人々のわくわくするような混在を欠いていました。ジェインは、これらすべての新しい「都市」を、成長の余地も変化の余地もない退屈な場所であると考えました。彼女は、野生で手つかずの田舎を評価しました。し

かし彼女は、きちょうめんに整えられた郊外の「芝生、芝生、芝生」を軽蔑しました。

「多くの都市計画家は、実際には都市反対者です」と、ジェインは書きました。彼らは、現代的なものすべてを賞賛して、現実に機能している、散らかった古い地区を消し去りたがりました。代わりに彼らは、ル・コルビュジエの模型にある、劇的できれいな線をもつ高層建築のプロジェクトに焦がれました。あるいは彼らは、人々を都市の中心から引き離す『田園都市』を支持しました。ジェインは、「このような計画家たちは、都市の"失敗にだけ"興味があります。そして、都市を成功に導いているものには好奇心がないのです」と、主張しています。『アメリカ大都市の死と生』は、実際の都市の機能から学ぶため

1960年代、ニューヨーク、グリニッジ大通りのBalducci's。花屋とギフトショップの間にある果物と野菜の店で、夜遅くまで開いています

に、説得力ある実例を示しています。

ジェインは、もし人々が全くの居住ブロックに住んでいたなら、「歩道のバレエ」は不可能であると考えていました。彼女は、小さな商売、レストラン、そして娯楽の場所は、住宅と混在させられるべきであると思っていました。彼女は、自宅から遠くない所に、額縁屋、美容院、そしてダイビング用具を売っているお店を見つけられるという考え方が好きでした。彼女は、美術館の近くに魚市場があることが好きでした。ジェインは、「混在した用途」（"mixed uses"）── 活動の複雑な寄せ集め ── は、活気に満ちた都市生活の不可欠の要素であると結論を下しました。

混在した用途は、また、一日中異なる時間に人々が歩道にいる理由を与えるため、都市生活を安全にしていきます。居住者、商店主、そして通行人は、「通りへの眼差し」となることができます。ジェインは、これらの親切なおせっかい屋の有用性を示すできごとを語りました。彼女は、「ある日、自宅の2階の窓から、男の人と小さな少女の間で『いさかい』が起きているのを見ました」と、書いています。男の人は少女を、自分についてくるよう説き伏せているように見えました。一方、「少女は、通りの向こうの安アパートの一つの壁に寄りかかって、子供が反抗するときの常として、かたくなになっていました」。そうする必要もないとわかったとき、ジェインは、間に入るべきかどうか思案していました。他の人たちも、そのいさかいを見ていました。

「その安アパートの下の肉屋さんから、夫と一緒にそのお店を営む女性が出て来て、男の人の声の聞こえる距離の範囲内に立って、毅然とした表情で腕組みをしていました」。それから、二人の男性が近くのデリカテッセンから出て来ました。さらに何人かの人たちが、頭を窓の外に突き出しました。すぐに、「錠前屋、果物屋、そして洗濯屋の店主」が、通りに出て来ました。その男の人は、取り囲まれました。ジェインは、「たとえ彼女が誰であるか知らなくても、誰しも、小さな少女が引きずり出されるままにしておこうとはしなかったのです」と、書いています。

その小さな少女は、その男の人の娘（！）であることがわかりました。それ

でも、ジェインは「通りへの眼差し」の価値の強力な例を目撃したのです。

　ジェインの話は、うまくいっている都市の通りの、もう一つ別の特質へと続いていきます。それらは、短いブロックで構成されています —— 非常に多くの計画家に好かれている、うんざりするようなスーパー・ブロックではなく。彼女は、自身の主眼点を説明するために、本に図を挿入しました。短いブロックは、横町を発生させます。横町が多くあると、ある場所から別の場所へ行こうとする人が、たくさんのいろいろなルートを選ぶことができるという結果を引き起こします。情景の変化をもたらすことと並んで、短いブロックはたくさんの通りの曲がり角をつくり出すので、これら短いブロックは、人々が相互に影響しあうための多くのきっかけを提供します。

　『アメリカ大都市の死と生』の中で、ジェインは、これらの短くて活気のあるブロックで必要とされる建物の種類を鮮やかに記述しました。新旧を混合させること、それが不可欠であるとジェインは主張しました。広範な種類の建物があれば、人々は、あまり高価でない、少し荒れた古い資産を買うことができます。そして、購入者は、それらを修理することによって、自分たちの近隣地区の価値を高めることができます。ジェインとボブは、まさしくそれをしたのでした。それだけではなく、ジェインは、「自分たち自身の近隣地区内にさまざ

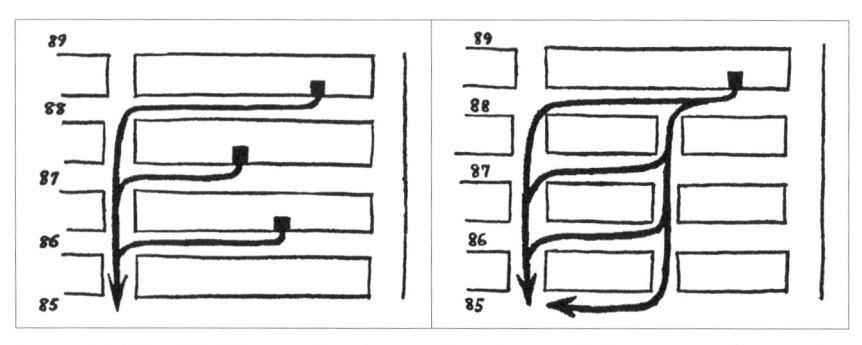

『アメリカ大都市の死と生』より、長いブロックと短いブロックの比較の図。長いブロックで家を出た人（小さな■で表示）は、目的地に到着するための道筋は一つのみです。短いブロックに住んでいる人は、複数の経路、つまり体験を選択することができます

2007 年、グリニッジ・ビレッジ、クリストファー通りの年代の混じった建物。新しい建物が古いものの間におさまっています

　な大きさや型の住宅を見つけることができた人々は、ニーズが変わったときにも、その地域から移り去らない傾向にあります」と、書いています。こうしてその地域は、より安定した、好ましい居住地になるのです。
　「新しいアイディアで古い建物を使わなければなりません」と、ジェインは看破しました。ある地域に、安く利用可能な場所があれば、苦労している芸術家がアトリエをもつことができ、小さなエスニックの食料雑貨店が繁栄することができ、あるいは、開業しようとしているスケートボード製造業者が事業を始める機会が生まれるのです。
　ジェインは、次のことに魅了されました。「古い宿の新しい用途への巧妙な改

造。職人のショールームになる連続住宅の居間、住居になる厩舎、移民のクラブになる地階、…… 中華食品の製造所になる倉庫 …… 」。

都市における創造にとって時間が重要であることを強調しながら、ジェインは、「いくつかの …… 古い建物が、年々、新しいものに建て替えられて ── あるいは、修復されて ── います。それゆえ、何年にもわたって、常にたくさんの時代や型の建物が混在しています。もちろんこれは、混在の中で、かつて新しかったものが最後には古いものになっていくというダイナミックなプロセスなのです」と、書きました。

しかし、ジェインは確信をもって、用途の混在、短いブロック、そして年数の経った建物は、ダイナミックな都市を保証するには十分でないと筆を続けました。もう一つ、本質的な要素があります。それは、「人々」なのです。互いに

2007年、チェルシー、21番通りの近くの11番街、古い建物の新しい利用
芸術家のトーマス・ビールは、以前倉庫であった建物に、芸術作品を展示するための画廊空間を建造しました

1960年代、チェルシー、16番通りにある劇場。一時的に交通を遮断し、街路は、近隣地区の居住者に思わぬ楽しみを提供します

密集して暮らしていたり、仕事をしたりしている大勢の多様な人々。ジェインは、マンドリンを勉強することであろうと、インド料理を食べることであろうと、人々が自分たちの興味を共有する他の人を見つけることができる、人口密度の高い場所での生活を好みました。彼女は、たくさんの近接している住居がある、望ましい「高密度」と、同じ住居内にあまりにも多くの人が住んでいる結果生じている、望ましくない「人口過密」との間に、違いがあることを指摘しました。彼女は、計画家がそれらを見分けていないと小言を言いました。

　いくつかの荒廃した場所は、ねずみに荒らし回られた住宅のある、本当のスラムでした。しかし、「スラム」とラベルをはられた近隣地区のいくつかは、実際には、繁栄している、健全な共同体でした。『死と生』において、ジェインは、ボストンのノース・エンドと彼女自身のグリニッジ・ビレッジを、スラムではない、活気のある人口密度の高い地区の例として賞賛しました。彼女はま

た、フィラデルフィアとサンフランシスコの大量に人々が定住している地域は、これら同都市の人口の少ない地域のいくつかより、住むにはより魅力的な場所であると見抜いていました。

　ジェインは、人々が都市を、汚く、病弊に悩まされる場所であると考えていることを、非常にしばしばののしりました。彼女は、読者に、医学と公衆衛生の著しい進歩が今や、大量に集中した住民が一緒に安全に暮らすのを可能にしたことを気づかせました。病弊と汚染は確かに除去されていませんでしたが、とは言え、それらのことは、もはや主要な脅威ではありませんでした。ジェインは、あふれんばかりの都市の生活をほめたたえました。彼女は、自分の近隣地区に住んだり通行したりしている、たくさんのさまざまな種類や国籍の人々——アイルランドの港湾労働者からハイチ人の踊り子まで——を楽しみました。彼女は、どこにも行かなくても、世界旅行者になることができると感

2007年、ニューヨークの中華街にあるマルベリー通り。日曜日の、高密でエスニックな都市地域の楽しい祝祭

じました。

　彼女の革命的な本の終わりの方で、ジェインは、「多くの人々は都市を無秩序な場所であると考えていますが、都市には、それ自身の基礎をなす秩序があるのです」と、主張しました。ジグソーパズルを解くことが好きなジェインは、読者に、都市は、たくさんの組み合わせられた断片からつくられた複雑なシステムであることを示そうとしました。彼女はまた、都会生活は不幸でも不自然でもなく、健全で秩序立ったものであることを主張しました。

　「人間は」、彼女は書きます。「もちろん、ハイイログマ、ミツバチ、あるいはくじらとほとんど同様に、自然の一部です …… 人間の都市は、プレーリードッグの群落、あるいは牡蠣の養床と同じように自然で、自然の一つの形の産物なのです」と。

　アメリカ大都市の将来について楽観主義の調子を響かせながら、都市の自然主義者であるジェインは、「おもしろくない、不活発な都市は、自身の破壊の種を含む以外の何ものでもないことは真実です。しかし、活発で、多様性に富む、情熱的な都市は、それ自身の再生の種を含んでいます …… 」と、結論づけました。

《訳注※ 2》　アメリカ大都市の死と生：
　The Death and Life of Great American Cities, Jane Jacobs, Random House, 1961. 邦訳 [新版]『アメリカ大都市の死と生』（ジェイン・ジェイコブズ著、山形浩生訳、鹿島出版会、2010）

《訳注※ 3》　輝く都市：
　La Ville radieuse (The Radiant City), Le Corbusier, 1935. 邦訳『輝く都市』（ル・コルビュジエ著、坂倉準三訳、鹿島出版会 SD 選書 33）

《訳注※ 4》　田園都市：
　To-morrow：A Peaceful Path to Real Reform, Ebenezer Howard, Swann Sonnenschein, 1898. Garden Cities of To-morrow, Ebenezer Howard 1985. (New ed.) 邦訳『明日の田園都市』（エベネザー・ハワード著、長素連訳、鹿島出版会 SD 選書 28）

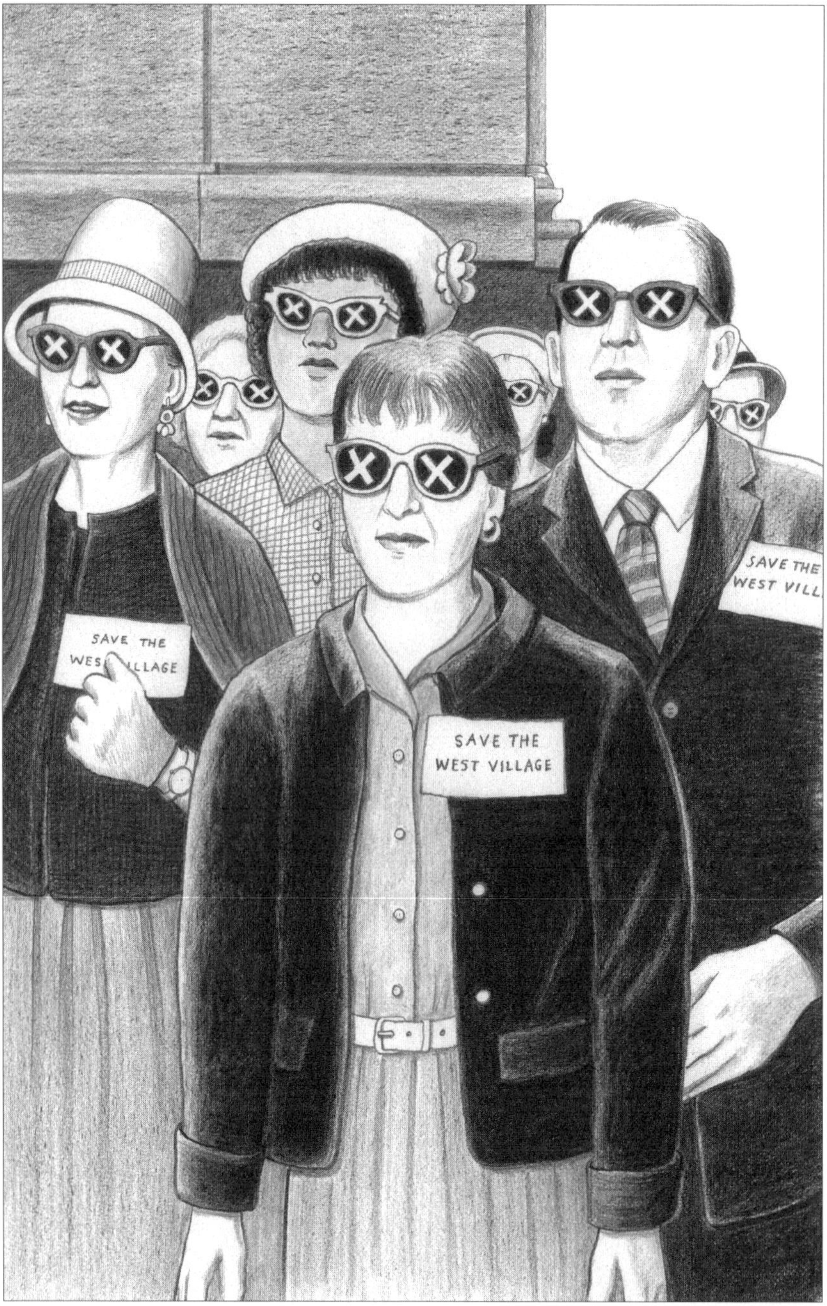
SAVE THE
WEST VILLAGE
SAVE THE
WEST VILLAGE

CHAPTER NINE
Saving the West Village

第 9 章
ウエスト・ビレッジを救う

　ジェインは、自分の本の原稿を書き終え発行を待ちながら、1961 年 2 月に「アーキテクチュラル・フォーラム」に戻りました。しかしわずか 3 週間後、彼女の平穏は再びかき乱されました。普段通り新聞を読んでいたとき、彼女は驚くべき記事に出くわしました。彼女自身の繁栄している近隣地区が、ハーレムやボストンのウエスト・エンドの一部のように、スラム一掃プロジェクトにかかるかどうか調べるため、市が、連邦政府に 350,000 ドルを要請したのです。ウエスト・ビレッジの 14 のブロック —— ライオンズヘッド・コーヒー店とバー・ホワイトホースのような近隣地区のおなじみのものも含んでいます —— が、全体的な解体に直面していました。市と州は、自分たちが荒廃しているとみなした土地を獲得することができるという法律を通していました。そして、彼らは、これらの計画の実行を促進するためのお金を連邦政府から得ることができました。ジェインは、衝撃を受けました。彼女は、市がワシントンに「調査」のためのそのような多額のお金を要請したとき、彼らが破壊する弾丸をもたらすつもりであることを悟りました。
　一刻の猶予もなく、ジェインと 30 人の仲間は、住宅・再開発局長に訴えるため市庁に急行しました。ありがたいことに、局長は彼らに対し、自分たちの近隣地区がスラムではないことを証明するために、1 カ月の期間を与えました。公園を守り、道路拡張プロジェクトを阻止した経験を踏まえ、ビレッジの

住民は直ちにウエスト・ビレッジ救済委員会を組織し、ジェインをリーダーに選びました。最初の会合には、300人が出席しました。その集団は、ウエスト・ビレッジがスラムではないことを証明するために、近隣地区の建物の調査を行うことを決定しました。再度、ポスターをつくったり、チラシを配布したり、使い走りをしたりして、小さな子供たちまでが協力しました。

　委員会のボランティアは、全世帯に生活状態を尋ねながら、1軒ずつ訪問しました。彼らは、ほとんどすべての家がよく維持されていることを文書で証明しました。多くの所有者は、古いけれど傷んでいない不動産を、高い天井、美しい手切りの梁、そして大きな暖炉を保存しながら、自分たちで修復していま

2007年、ハドソン通りにあるバー・ホワイトホース。長い間、有名な著作家たちお気に入りのたまり場でした

1961年、壊されるべきであることを示すX印が付けられた建物の前でネッド（竹馬に乗っている）とジェイン

した。どうして市は、これを暗い影と考え、そしてそれを建築的に退屈な高層住宅団地にとり替えるようなことを望めるのでしょうか？ すべて新しいものに魅惑され、多くの人々が古い宝物を見る目を失ってしまうのです。

　多様な職業の何百人もの人々 —— 法律家、科学者、芸術家、小売店主、そして港湾労働者も —— は、ウエスト・ビレッジを守るために一致団結しました。小人数の集団ごとに、法律上の問題を調べること、政府の動きを研究すること、あるいは文書をスペイン語に翻訳することといったそれぞれ特定の作業に集中しました。ジェインは、「近隣地区に住み、あるいは働く人は誰でも、組織に属

第9章　ウエスト・ビレッジを救う　91

することができます」と言いました。「会費も他のいかなる資格もいりません。……わたしたちは、何かに投票することもありません。……なされたことは、常に、人々がそうすべきであると同意したことであるか、あるいは少なくとも、説得力のある反対意見はなかったものなのです」と。

　市の行政の内部で働いていたある一人の男性は、都市更新を可能にしている法律についての重要な情報を学び──そして、委員会に流しました。「市民参加」があってのみ、政府は、スラム除去プロジェクトを実行することができるのです。改良のために望むことを、国家や市の誰かに表明するということは、市民参加の例と言えます。そのために、政府の代弁者がウエスト・ビレッジの市民に、彼ら自身の近隣地区に望むことを尋ねるときにはいつも、住民は単純かつ利口に、「スラム指定を解除してください」と返答するよう心得ていました。もし、政府がこの提案を市民参加として取り扱ったなら、都市更新プロジェクトはあり得ないのです！

　委員会の会員は、グループ間の士気を上げること、注意をひくこと、そして自分たちは政権にある人々に脅されないことを示すことによって、市の計画と闘うことを決めました。彼らは、自分たちの近隣地区を守るために動いている間も、楽しみに興じることができ、しばしば、ライオンズヘッドやジェインの家で会合をもっていました。彼女は料理が好きで、友人の一人の言葉を借りれば、「気前のよい人々の飼育者」でした。

　注意をひき新聞を通して周知を得るために、抗議者たちはときどき大きなファンファーレとともに行動しました。ペナントを揺らしながら、彼らは装飾された「観光電車」に乗り、市庁での会議に向かいました。都市計画審議会のとある会合で、議長のジェームズ・フェルトは、市の役人は「近隣地区の中で人々に寄り添って働いています」と、宣言しました。ウエスト・ビレッジの住民は、大きな吐き気を催したときのような声を出して応えました。憤慨した議長は「恐れ入りますが、もう一度！」と叫びましたが、ビレッジの住民ははっきりと主張を通し、聴衆は笑いをかみ殺すのに必死でした。

　市の都市更新賛成派は、ジェインのいう「傀儡組織（パペット・オーガナイゼーション）」をつくり対抗しま

都市更新プロジェクトを支持する別々の機関から来たようにみられた手紙でしたが、綿密な分析によって、それらはすべて同じタイプライターで打たれたことがわかりました。ジェインは、ライオンズヘッド・コーヒー店での記者会見でこの証拠を示しました

した。「近隣委員会（ネイバーズ・コミッティ）」という名称は、あたかも住民たちによって組織されたかのような響きをもつものでしたが、実は、市の機関や新たな建設で利を得る業者たちのための道具に過ぎませんでした。

　地域の荒廃はごくわずかな部分でしか見られないことを示した調査を終えて、ジェインと救済委員会は聞き取りに臨み、その証拠をもって近隣地区はスラムではないという彼らの主張を証明しました。しかし、それは市当局には何の変化ももたらしませんでした。思い止まることを拒否しながら、委員会は裁判所の指令を獲得し、抗議の集会を組織し、そして自分たちに有利になるように都市の聞き取りの際の発言者を選びました。ある集会では、抗議者たちは大

きな白い×印をつけたサングラスをかけていました。それは、取り壊しの指定を受けた建物の窓につけられる気味の悪い印によく似ていました。ジェインは、発言者の長でした。

　近隣地区を守るための闘いは、数カ月間荒れ狂いました。自分の再選にとってこの問題が重要であると気づいてということがみえみえだったのですが、ニューヨーク市長のワグナーは、選挙の直前に、「都市計画審議会に『そのプロジェクトを取り消す』ことを求めます」と、発表しました。しかし翌月、審議

ビレッジからの抗議者たちは、観光電車で市庁へ劇的に登場

1961年、6月8日、ニューヨーク・タイムズの写真。ウエスト・ビレッジの都市更新についての、都市計画審議会のヒアリング。市庁でのこのヒアリングは12時間以上続きました

会は、市長の要請を覆したのです。それは、近隣地区を「一掃にふさわしい荒廃した地域」と呼びました。これらの険悪な言葉を耳に鳴り響かせながら、ビレッジの住民たちは、座席から跳ね出し、新聞がそう呼んだ「擬似暴動」に発展しました。委員たちの骨折りにもかかわらず、市は身動きがとれませんでした。ジェインは、多くの人々が考えていたことを次のように要約しました。「いつもながらの話です。最初に、建築業者は不動産を探し、それから、都市計画審議会にそれを〔荒廃している〕と指定させ、さらにそれから、人々が脅迫的に自分たちの家から追い出されるのです」と。彼女と委員会の委員がよく認識していたように、たくさんの建築業者や不動産開発者は、そのような都市更新プロジェクトからみごとに儲けを得ていました。

「ウエスト・ビレッジの住民の大勢は、7回、仕事の休暇を取り、市庁での聞

1962年2月、おそらくバーバラ・ナインド・バイフィールドによる招待状。カードの内側には、「ウエスト・ビレッジの近隣地区は、都市更新の不適合者としてのデビューを祝し、あなたを INDOOR BLOCK PARTY に招待します！」と書いてあります

　ジェインは、共同体の面々（右方）が市庁に駆けつける間、市庁の丸屋根の上で踊っています。空腹の開発者（左方）は、安価な、人のいない土地の更新で利益を得ています。手押し車の中のお金は、彼を手助けした市の役人の口止め料になるのかも

き取りのためにジェイコブズ夫人を伴って臨みました」と、アソシエート新聞は報道しました。「これら聞き取りのうち最も劇的なものは、午前4時まで続きました。……　そしてなお、闘いを終わらせることを市長に懇請していました」。ついに1962年1月31日、彼らの近隣地区を守るためのほぼ1年の闘いの果て ── そして、市長のワグナーからの強い嘆願に従って ── 都市計画審議会の全委員は、ウエスト・ビレッジのスラムの烙印を取り消すことを認めました。ジェインと彼女の協力者たちは、この勝利を堪能しましたが、彼らの闘いは、ニューヨークや全国の他の都市で待たれている、多くのものの一つに過ぎないということを認識していました。

98

CHAPTER TEN
The Impact of Death and Life

第 10 章
『死と生』の反響は

　1961年10月、ウエスト・ビレッジの勝利のちょっと前に、『アメリカ大都市の死と生』が書店に届きました。全国の評論家は即座に、ジェインの本の豪胆な独創性を歓呼して迎えました。サンフランシスコ・クロニクルからウォールストリート・ジャーナルまで、批評家はそれを、「勝利」、「偉大な著作」、そして「画期的な業績」と呼びました。ジェインの考えは、皆の話題になりました。大々的に広告がなされるにつれ、うわさも広がりました。行政側の人たち、建築家そして計画家、コミュニティ集団、さらに一般公衆が彼女の雄弁な散文を読みました。一部の意見の異なる人々を除いて、大勢が彼女の刺激的な見解に奮い立ちました。

　彼女の著作に批判的な人たちさえ、『死と生』の重要性を認めました。ロイド・ロドウィンという名の卓越した都市計画学者は、ジェインの批評家でもあり、崇拝者でもありました。彼は、ニューヨーク・タイムズ・ブックレビューでの自分の論評を、「都市更新の最近の試みは失敗している」ということに同意することから始めています。しかしながら彼は、「住むのに最良の場所は高密に詰め込まれた都市のブロックである、というジェインの信念はすべての人が共有しているわけではない」ことを主張しました。大勢の人たちは、余裕ができるや否や、郊外に移っていないでしょうか？しかしロドウィンは、そういう弱点があるにせよ、ジェインが「偉大な本」を書いたことは認めました。彼は、

「読者は、その見解に熱狂的に賛同するか反駁(はんばく)するかでしょう —— しかし、自分たちの通りや近隣地区を少々違った見方をすることなしに、その全巻を読み終える人はほとんどいないでしょう」と、宣言しました。

アーキテクチュラル・フォーラムは、ジェインの著作がかき立てた「考えの衝突」に対する、社説と大きな記事を出しました。「フォーラムは、ジェイン・ジェイコブズの本の内容すべてに賛同するものではありませんが、」と書き留めながら、編集者は、「どんな分野でも、長く受け入れられてきた観念に異議が申し立てられ、とくにその異議申し立てが、高い知性によってなされているというのは、すばらしいことではないでしょうか?」と叫びました。同誌は、「アメリカの都市:死か生か? —— 二つの見解」と題した討論を特集しました。「あの本」を批評しながら、ボストンの都市計画家のエドワード・J. ログーは、

THE DEATH AND LIFE OF GREAT AMERICAN CITIES

JANE JACOBS

1961年初版、1992年ビンテージ本／ランダム・ハウス社で発行されたペーパーバック版

ニューヨーク・タイムズの書評の広告：「彼らは、非行と犯罪を生む、きらめく石やガラスのファイル・キャビネット住宅を提供した …… こうジェイン・ジェイコブズは語り、さらに …… 」

「すべての都市を彼女の最愛のグリニッジ・ビレッジに似せたがっている」と、ジェインを非難しました。彼は、グランドプランに対する彼女の不信をあざ笑い、「都市更新は、都市がそれ自身を助けるようにも工夫された最も有用な道具である」と、言明しました。ジャーナリストのエドワード・T．チェイスはこれに異議を唱え、ジェインは「計画立案」に反対なのではなく、「悪い計画立案」に反対なのである、ということを指摘しました。彼は、エコロジストが繊細で複雑な自然環境を研究するように、ゆっくりと注意深く物事を変化させなければならないしくみとして人々が都市を見るよう、彼女が手助けをしていることを賞賛しました。

チェイスの言葉にもかかわらず、多くの都市計画家は、脅威を感じました。

「ジェイン・ジェイコブズの本は、たくさんの危害を加えようと、機械の中にたくさんのモンキーレンチを投げようとしています」と、ある計画家は書きました。「しかし、わたしたちは、その中で生きていかなければなりません。さあ、ハッチに当て木を、強風に注意！」。自分たちの専門的知識に異議を唱えた素人の著作を非難しながら、何人かの計画家が反撃しました。The Journal of the American Institute of Planners は、ジェインを「ハドソン通りの魔法をかけられた踊り子」とあざ笑いました。ニューヨークの住宅審議委員のロジャー・スターは、ジェインが都市に対してロマンチックすぎる幻想を抱いていると考え、それをあざけりました。彼女の見解では、と、彼は次のように書きました。「『工場は住宅のそばに寄り添っていて、そして、においも煙も出しません』、そして、『通りには、日夜人が押し寄せていますが、交通はざわついてもいなければ混雑もしていません』」と。さらに、スターは、グリニッジ・ビレッジで近隣

1962年、ジェインは英国のパブで楽しみ、後援者と話しました。都市に関する講演を頼まれ、彼女は合衆国やヨーロッパじゅうを旅行しました

多くの都市がジェインをツアーに招き、自分たちの計画についての論評を
求めました。ジェインは、コミュニティのグループや職員に話しかけました

地区を「非スラム」にするために、どれだけの人が古い家を買い修繕すること
ができるのか、いぶかしく思いました。集会の演説者としてのスターに続いて、
ジェインは、「何人かの人々はいかに愚かになりうるか」ということの実例とし
て、彼を用いました。スターは無愛想に、「彼女は、なんとかわいい、甘い人物
ではないですか」と、言い返しました。

『死と生』への最も激しい攻撃の一つは、彼女の初期の支援者であった有名な
建築評論家のルイス・マンフォードからもたらされました。広く読まれている
ニューヨーカーという雑誌の記事で、マンフォードは、「ジェイコブズお母さん
の家庭の医学」と彼が呼んだ事柄について冷笑しました。彼は、ジェインの都

市高層化更新プロジェクトへの厳しい態度に共感する一方、彼のような田園都市を奨励する人たちに対する彼女の攻撃には憤慨しました。彼は、ジェインの「都市は、芸術作品ではあり得ません」という主張に異議を申し立てます。マンフォードは、都市は、グランドデザインと偉大な建築で住人を奮い立たせると考えていたのです。もう一人別の激怒した男性が、ジェインの本を出版社に突き返し、彼らに手紙を書きました。彼女の著作を「不正確」と呼びながら、彼は、「自分の名声に傷を付けるような事柄を書いている著者は、正当に告訴することができる」と、警告しました。「このガラクタは誰かに売ってやれ」と、いらだちながら。手紙には、「真心を込めて、ロバート・モーゼス」と署名されていました。

ジェインの著作に対する非難にもかかわらず、大部分の読者は、『アメリカ大都市の死と生』は新鮮で興味をそそる考えを含んでいる、ということでは意見が一致していました。ジェインが自分の本の販売促進のために国内を巡回したとき、人々は、賞賛されている著者の意見を求めました。そして、彼女はそれらに応えることに躊躇しませんでした。ペンシルバニア州のピッツバーグで、ジェインは、都市の丘と川の大部分を整備する努力をほめました。しかし、彼女は、彼らの公営住宅開発を「寒々とした、惨めな、そしてみすぼらしい」と、率直に述べました。フロリダ州のウエスト・パームビーチで話をしながら、ジェインは彼らの海岸地区をほめましたが、新しい都市ホールを建てるために入江を埋め立てていることに警告をしました。「計画は、気持ちのよい湖岸の眺めを破壊し、涼しいそよ風を妨害します」と、彼女は言いました。彼女は、提案用地を「悲惨な」と呼びました。ジェイン自身の都市では、ニューヨーク警察専門学校が彼女を客員講師として招きました。彼らは、歩道の安全についての彼女の見識を評価し、『死と生』を警官訓練課程で必読としました。

ジェインによる思考を刺激する本は、すぐに国際的認知を得ました。アメリカ合衆国での発行の1年後に、彼女の著作は英国で印刷が終わって出回りました。間もなく世界中の読者が、ドイツ語、スペイン語、イタリア語、オランダ語、ポルトガル語、日本語、そして中国語の翻訳書を買うことができました。

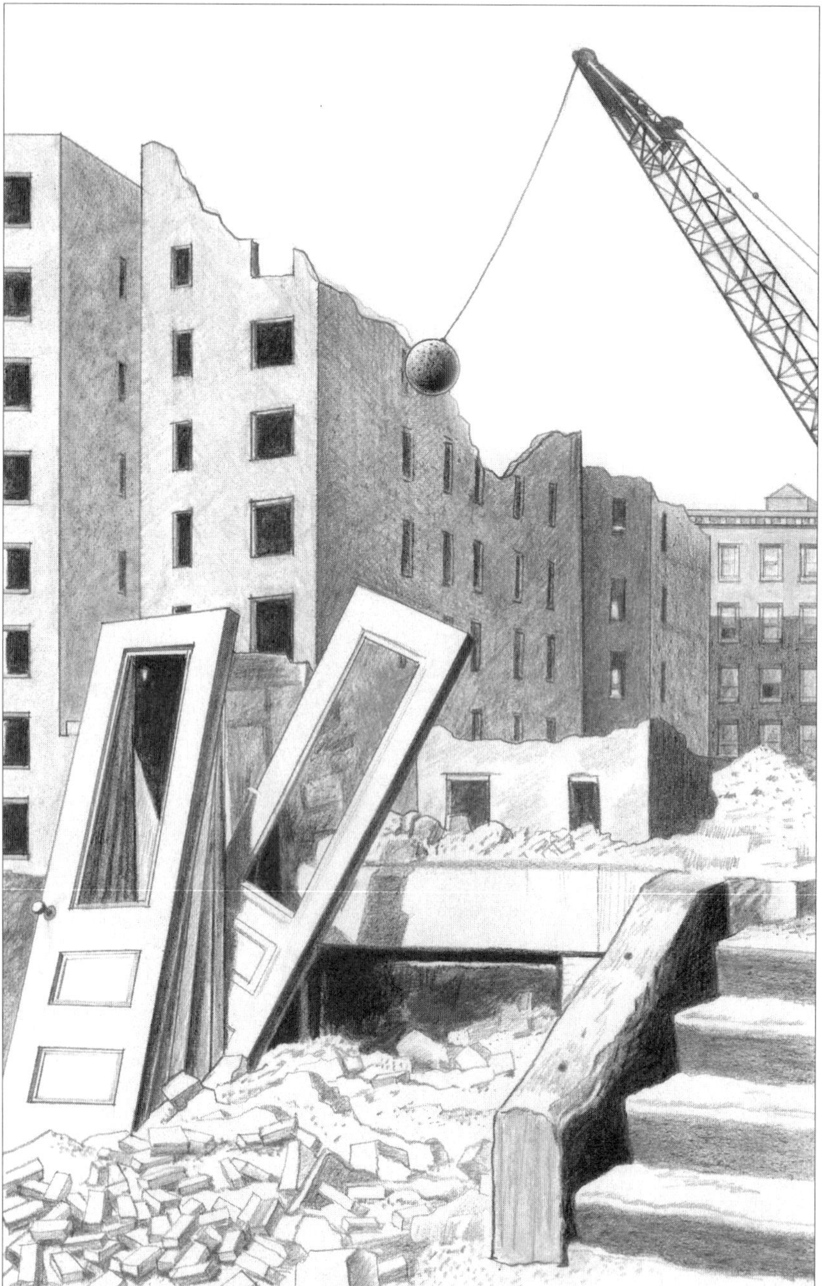

CHAPTER ELEVEN
Fighting City Hall and an Expressway

第 11 章
市庁と高速道路との闘いへ

　多くの読者が『死と生』について夢中になっていたのですが、ジェインはときどき、自分の本が果たして、あれほど生き生きと記述した活発な都市近隣地区の価値を、都市計画家や市の役人たちが気づくことに役だっているかどうか、疑問に思っていました。「わたしは、落胆しました。ある日の帰宅途中──わたしは、ローワー・イースト・サイドで、破壊球が降りてくるのを見ました──そして、文句と非難の長演説に入りました。わたしは、ボブに『あれじゃあ、弁明できない。役にたたない。やり方は全く変わっていない。何のためにもならない』と話しました」。忍耐強く賢明なボブは、「ねえジェイン、聖書はどれだけ昔に書かれたかを、そして、人々は未だにその教えのとおりには行動していないということを考えてごらん」と、思慮深く意見を言いました。「そう」、「それが、わたしに大局的見方を与えてくれた」と、ジェインは思いました。

　ジェインは、自分の本で都市更新の考えを攻撃し、そして「大都市を骨抜きにする高速道路」を非難しましたが、もう一度、彼女は自分の言葉を行動に移さなければなりませんでした。数年前にジェインが阻止に尽力した、ワシントンスクエアを通り抜ける幹線道路は、ローワー・マンハッタン高速道路として知られたさらに大きな高速道路に通じるランプとしての役目を果たしていたはずでした。数十年間、市の役人は、この巨大な主要道路を建設することを考えていました。そのときまさに、ロバート・モーゼスはその計画を実行すること

を決定したのです。

　都市の郊外を回る代わりに、この 10 車線の高架高速道路は、ウエスト・ビレッジに隣接の一地点でローワー・マンハッタンの全幅を横切り、西のホランド・トンネルと、マンハッタンや東のウイリアムズバーグ橋とを結びつけます。出入りのランプは、両側の近隣地区にまでも入り込むものでした。ブルーム通りと同じ長さを走りながら、ローワー・マンハッタン高速道路は、チャイナタウン、リトルイタリー、そして主にユダヤ人のローワー・イースト・サイドの大部分を破壊し、残りのあらゆる地区に影をなげかけるのでした ── すべては、マンハッタンを横切り、一方はニュージャージーに、他方はロングアイランドに急ぐ運転手のために。

1947 年、ロングアイランドの最初の「レビットタウン」。新しく造成された郊外。レビットタウンの航空写真と、何百とある画一的な住宅の一つの近景

2007年、ブルーム通りのファーザー・ラ・マウンテン教会は、店先とアパートの間に割り込んでいます

　広い、速い幹線道路は、通勤者が職場から遠く離れて、芝生や樹木のある一戸建て住宅に住むことを可能にしました。いくらかの人たちは毎日、ニューヨークの仕事場へニューヨーク州のウエスチャー郡や、コネチカット州にある古い町から通勤していました。他には、列状に連なったほぼ同一の小さい箱型の家からなる、近年つくられた郊外から来ている人たちもいました。たとえば、アブラハム・レビットや彼の息子たちによって以前は農場であった土地に開発され、それぞれが、「レビットタウン」と名付けられた町がありました——ニュージャージーでも、ロングアイランドでも、そしてペンシルバニアでも。これらの町には、何百もの同一のクッキー裁断機形をした住宅はあっても、店舗や通りの生活がほとんどなく、ジェインがほめた都市の混在とは明らかに異

なるコミュニティを形成しました。「寛容、つまり近隣住民間の大きな違いを受け入れる余裕は」と、彼女は『死と生』に書いていますが、「高密な都会の生活では可能であり普通ですが、…… 郊外ではたいへん珍しいことなのです ……」と。

　チャイナタウンやリトルイタリーの色とりどりのコミュニティは、ブルーム通りで交錯し、家族経営のお店やエスニックのレストランでいっぱいでした。鋳造鉄の列柱の間にガラスを張り渡した建築的にすばらしい19世紀の商業ビルが、ブルーム通りに多数並んでいました。撤去がいつ何時でも始まりかねないということを恐れて、家主は、自分たちの建物をよい状態に保ち続けることをしませんでした。芸術家が古い商業ビルに移ってきて、多様な住宅や小さな事務所に混ざって住んでいました。しかし、ロバート・モーゼスは、鋳造鉄地区（その地区は現在、ソーホーと呼ばれています）を「ローワー・マンハッタンで最窮乏地区であり、最悪とはいわないまでも、全市で最もひどいスラムの

解体をまぬがれたブルーム通りの鋳造鉄ファサードの建物。2007年、これらの立派なファサードは、現在、ファッショナブルなソーホー近隣地区の目抜き通りに沿って並んでいます

ブルーム通りに対して高速道路が提案された建築家のデッサン。下方に車の走る現代的な建物群が、鋳造鉄地区に取って代わっています（Courtesy MTA Bridges and Tunnels Special Archive）

一つです」と呼びました。

　1960年8月、教父ジェラルド・ラ・マウンテンは、ブルーム通りのモスト・ホリー・クラスィフィックの教会の牧師になりました。その年、モーゼスと彼の盟友は、州間高速道路を建造するための全基金の90パーセントを連邦政府が州に提供するという1956年ハイウェイ法を利用し、ローワー・マンハッタン高速道路を市に貫通させる計画を前に進めました。彼らの決定を表示するために、市の役人は、都市地図に高速道路を載せることを認可しました。教父ラ・マウンテンは、自分の教会とコミュニティを守るために闘わなければならないことを悟りました。1961年の4月下旬、彼は、支援を集めるために集会を呼

びかけました。異なった宗教、相敵対する政党、そしてあらゆる種類の職業の人々が出席しました。彼らは普通ならお互いに話し合うような相手ではありませんでしたが、全員が、一つの共通の目的のため同調しました。「ローワー・マンハッタン高速道路阻止のための合同委員会」を作ったのです。

　教父ラ・マウンテンは、今や有名な著述家であるジェインを集会に招きました。彼女は、賛同するオブザーバーとしての任務のみを果たすつもりでしたが、牧師の頼みにより、その集会の司会者を引き受けました。「ジェイコブズ夫人は、カリスマ的な役割を務めました」と、ある新聞が報道しました。「彼女は、

ニューヨーク市庁の外で待機している抗議者たち。公式の会合や決定のほとんどが市庁で行われました

自身が提案したブルックリンとマンハッタンを結ぶブルックリン・バッテリー橋の模型の前のロバート・モーゼス。この橋は、建設されませんでした

質問をし始めました。追い立てられた人々に何が起こるのでしょうか？多分、彼らには、あてがわれるでしょう。無菌状態で、匿名の高層の建物が……」。ジェインは、人々に、素早く行動しまくることを促しました。7月の初旬に、予算や土地利用決定に責任をもつ市の主要行政組織（市長を含む）である評価局が、高速道路の運命を決定するために、市庁で聞き取りを催すことになりました。「ローワー・マンハッタン高速道路阻止のための合同委員会」は、このことを広めるための示威運動を組織し、近隣地区の住民にその聞き取りに参加することを奨励しました。彼らの努力は功を奏しました。聞き取りでは、59人が話をし —— その内の54人が高速道路に反対しました。話をした人の中には、リトルイタリーの高齢の住人たちや、以前に公衆の面前では話をしたことのない人たちもいました。ワグナー市長は、圧倒され、高速道路についてのいかなる

決定も 90 日間延期することに同意しました。このことは、委員会に自分たちの運動のための活動の時間を与えました。

　夏じゅう、委員会はさらなる集会を組織し、さらなる延期を手に入れました。「彼らは集会を呼びかけ、予想の 3 倍多くの人々を集め、新たな集会場を見つけなければなりませんでした」と、共同体の活動家フランシス・ゴルディンは回想しています。それは、「人々の力は、車の力よりも偉大である」ということを示していました。200 の共同体集団とあらゆる筋の政治家が共同して行動しました。「わたしたちは、連立を組織し、周知を得る方法を知っていたのです」。ブルーム通りからバスで到着して抗議者が突然市庁を訪れ、ときどき、示威運動の場の雰囲気は劇場と化しました。芸術家は、看板を書きました —— なかには墓標のような形のものも —— それには、「リトルイタリーは、進歩につぶされる」とか、「近隣の死」、あるいは「車より人々が重要だ！」といった言葉が書いてありました。「ブルーム通り高速道路を地図から消せ」と、彼らは歌いました。そして、ジェインと抗議者たちは、高速道路が生み出すであろう公害に注意をひくために、ある聞き取りの際、ガスマスクをつけて出席しました。

　1962 年 12 月、評価局の会合で、地方、州、そして国家の政策担当者は、提案された 10 車線高架自動車道を賞賛しました。しかし、市民に言わせれば、次のようなものでした。「それは、2,000 以上の家族を根こそぎにし、10,000 人を雇用している 800 の小さな事業を退去させることでしょう。それは、固く結ばれたコミュニティを破壊し、交通をもっと悪化させることでしょう。州間幹線道路網の一部として、それは、ニューヨークの人々を犠牲にして州間の通勤者に便宜を与えます。そして、安い土地に新しい建物を建てることによって多くのお金を得る立場にある、強力な不動産業者によって企まれた土地横領なのです」と。会合でジェインは、ワシントンスクエア公園を通る道路をつくろうとした際の、モーゼスの過去の議論を「戯言」と呼び、そして、「同じ種類の戯言が、[ローワー・マンハッタン高速道路]の支持で、モーゼス氏によって前へ進められようとしています」と言いました。8 時間を要した 44 人の発言（39 人が計画に反対）の後、局のメンバーはたいへん疲れ果てて、決定を別の週に

1968年、あらゆる年齢、関心、そして素性の人々が自分たちの家と近隣地区を救うための闘いに加わりました

延期しました。

　5日後、一見ありえないことが起きました。ワグナー市長が、評価局が高速道路を止めることを決定したと発表しました。市庁で待っていた委員会の30人のメンバーがその知らせを聞いたとき、彼らは、周りじゅうで抱き合ったり、キスをしたりしました。驚くべき勝利です！市民たちは、団結し、国の最大の都市の心臓部を貫く州間幹線道路を止めさせることに成功しました。彼女は決して認めませんでしたが、みじめな交通長官は、高速道路がとり止めになった

最大の責任はジェインにあると非難しました。「何千の人々がブルーム通りの決定に責任をもっています。もし、わたしがそれをしたとあなたが言うならば、運動をともにした他の人たちはわたしがいなければ何もできなかったと考える理由はあるでしょうか」と、ジェインは報道記者に語りました。

　不幸なことに、数年後、ローワー・マンハッタン高速道路は、その醜い頭を再びもたげて来ました。「経験則としては、高速道路は本当に息絶えるまで、3度つぶさなければならないということです」と、ジェインは皮肉りました。高速道路計画は、ジョン・リンゼイが1966年に市長になった後復活しました。彼は、道筋の一部分を下降させ、上に、住宅や学校を建てるという提案を承認しました。活動家たちは、何をすべきかを知っていて、再び動員されました。

　1968年4月の聞き取りのクライマックスでは、500人の抗議者が現れました。100人以上が話をすることが予定されていました。そのときのために役人

1962年、彼らの近隣地区を通り抜けるローワー・マンハッタン高速道路建設について、自分たちの思いを表現するリトルイタリーの居住者たち

ジェインの逮捕後、彼女の法的な請求の支払いのための募金のポスター。残金は、高速道路反対の闘いに用立てられました

　が配ったパンフレットによれば、聞き取りの目的は、「すべての興味をもっている人々に、提案されているプロジェクトに対する役所側の見解を聞いてもらう機会を与える」ことでした。しかし、演壇に一緒に腰掛けて、ニューヨーク州運輸局のジョン・トスに進行をゆだねていた州と市の役人は、自分たちの計画を貫き通すことに熱中しているように見え、真剣な反対意見を聞くことに興味がないように思われました。役人が、抗議者のためのマイクを演壇から離れてセットしたので、高速道路に反対の市民は、自分たちが意見を異にする演壇の上の役人にではなく、自分たちにだけ話しかけているように感じました。トスは、彼の支持者に長く話すことを認めました。一方、彼は反対派の時間を制限しました。抗議者たちは看板をもち、そして、高速道路の提案を止めさせよう

第11章　市庁と高速道路との闘いへ　117

として、話し手に大声で質問をしました。しかし、これらの話し手たちは、彼らを無視することを選びました。

トスは、秩序を維持するため、少しばかりの努力をしました。2時間の大騒ぎの後、聴衆のメンバーが、「ジェインに発言を、ジェインに発言を」と大声で叫び始めました。ジェインは進み出て、聴衆の方を向き、「今晩の証言にもかかわらず役人が計画を進めようとしているのなら、聞き取り全体が詐欺行為である」ことを示唆する演説をしました。抗議者が徹底的に、納得いくように自分たちのメッセージを言葉で伝えていることを感じながら、ジェインは、自分たちの問題の核心を示すために、演壇への平和な行進を提案しました。

およそ50人の高速道路反対派は、役人が座っている演壇に近づきました。議事を記録していた、脅えた速記タイピストが自分の機械を一方の腕でぐいとつかみ、もう一方で激しくタイプを打ちました。テープが機械から床に落ちました。彼らが行進して通り過ぎるとき、抗議者たちはテープの上で足踏みし、それを拾い上げ、そして破片をまき散らしました。速記タイピストの記録が破壊されるのを見ながら、ジェインは、驚くべき表明をしました「記録はありません。聞き取りも無効です。まやかしの忌まわしい聞き取りは終わりました」。と、彼女は聴衆に告げました。

ひどく怒った司会者トスは、ジェインの拘束を要求しました。いやいやながら、そして弁解的に警官が従いました。「ジェインに発言を」と、再び繰り返しながら、彼女の仲間の抗議者たちは警察署までついて行きました。彼女は暴動を扇動し行政の執行を妨害した嫌疑で、弁護士を雇い法廷に立たなければならないだろうと思われたのですが、2時間後には釈放されました。数カ月の法定審理の後、裁判官はジェインに少額の罰金を払うように命じました。

しかし、抗議者たちは自分たちの主張を通したのです。ついに、1969年8月に、評価局は、地図からローワー・マンハッタン高速道路を取り去ることを満場一致で票決しました。高速道路は、今や3度つぶされました。そして今度は、本当に消滅したのです。

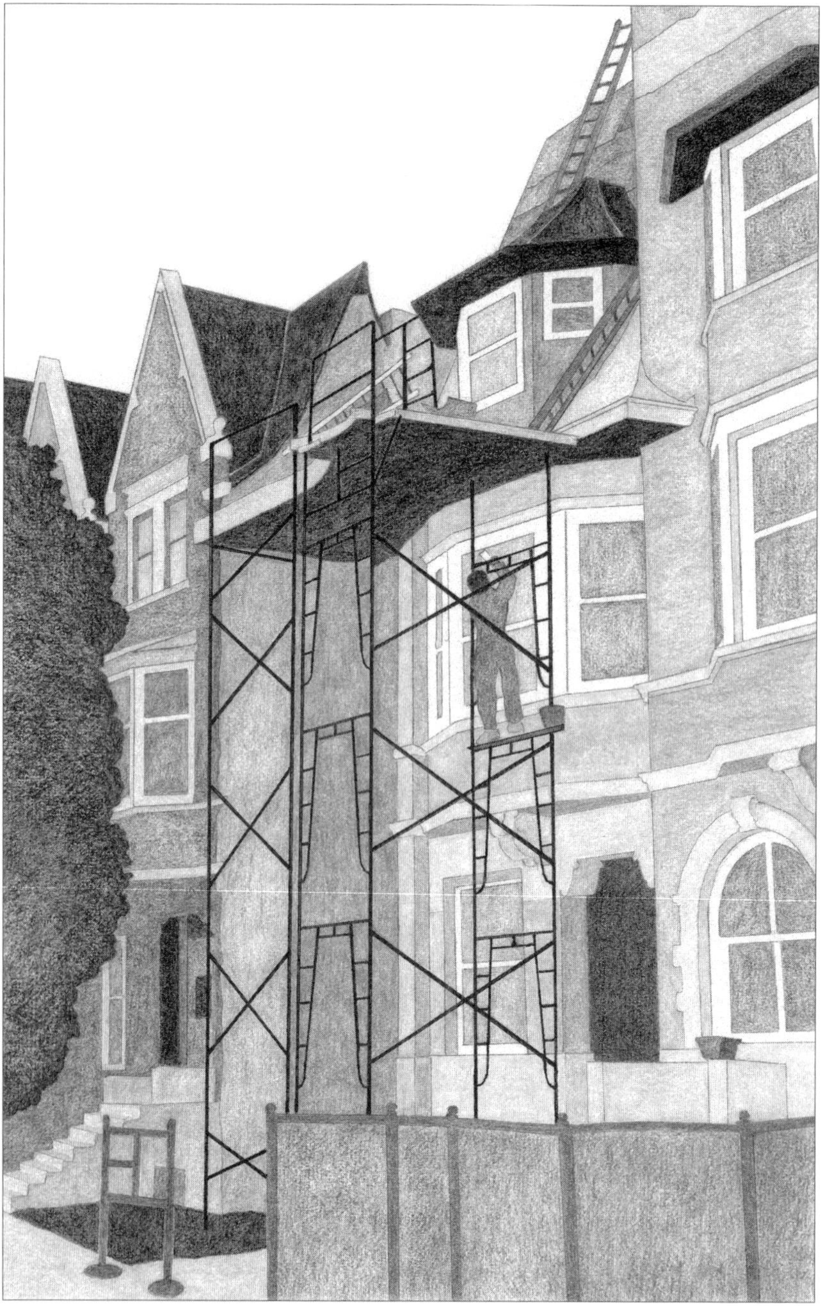

CHAPTER TWELVE
Reviving Cities Everywhere

第 12 章
そして広がる都市再生

　ローワー・マンハッタン高速道路の建設を阻止することによって、ジェインと委員会のメンバーは、人々がともに立ち上がりその声を上げれば、一見止められそうにないことも止められるということを示しました。全国的な新聞や雑誌は、町の真ん中を州間高速道路が貫通するのを普通の市民たちがくい止めたストーリーを、その 10 年前にサンフランシスコがエンバルカデロ・フリーウェイを中止して以来、他に匹敵するものがない勝利として報じました。この勝利のニュースは、全国の市民団体のモラルを高揚させました。ほどなく、ニューオーリンズ、ボストン、ナッシュビルなど多くの都市で「高速道路への反乱」が起こり、それらの自治体に対し、都市の中央を広幅員の高速道で切り刻んではならないという確信をもたせました。

　かつては風変わりに思われた『死と生』の考え方とジェインの行動による鼓舞も、ゆっくりとしかしついに、古い近隣地区の大規模都市更新を終わらせるよう後押しのでした。ブルックリンのコブルヒルやミネアポリスのセダー・リバーサイドといった地域など、全国で市民団体が立ち上がり、これら活気ある古いコミュニティを破壊から救う助けとなったのでした。

　古い建物を保存し修復するという考え方は人々に受け入れられるものとなりました。1965 年、ニューヨーク市は、特定の地域や場所を取り壊しから守るという「ランドマーク保存法」を可決し、他の都市もそれにならいました。

1966年、連邦政府は「全国歴史保存法」を通過させ、歴史的ランドマークの国家登録制を創設しました。この登録リストに入った建物や地域はどれも、再検討の過程を経て正当化されることなしには、壊すことができなくなっています。ついに1974年、合衆国議会は、もともと1949年に「住宅法」としてつくられた、連邦都市更新プログラムを終わらせることを投票で決定しました。その代わり、法律により、地方自治体が、荒廃した近隣地区をコミュニティが望むように改善し修復するために利用できる助成金が創設されました。

　しだいに、ジェインが攻撃していた都市計画の専門家たちも、彼女の考え方に近づくようになりました。国じゅうの建築の学校で、都市計画専攻の学生たちに、近隣地区の最良の計画をたてるためにそれを市民とともに作成するこ

ランガム・コート。1991年に、ボストンのサウス・エンド国定歴史地区に建てられた、所得階層混合の組合住宅

2007年、ニューヨーク、船の博物館と店を備える人気のサウス・ストリート港。ジェインは、『アメリカ大都市の死と生』の中で、ニューヨークの、古く実用的なウオーターフロントの再興を唱えました

と —— すなわち「真実の」市民参加を用いること —— を教え始めました。都市の概念は、人々の家を壊すことなく既存の構造の中に空間を埋め込む「インフィル」建築へと変化していきました。ウエスト・ビレッジでは、市民たち —— その多くがウエスト・ビレッジを守るために、かの委員会でかつて激しく闘い、現在はその後身であるウエスト・ビレッジ委員会に属している —— が、政府の助成を得ることに成功し、近隣の475区画の低層インフィル住宅の設計を援助しました。彼らは、以前は山積みになった鉄道貨物に占拠されていた空閑地に、ウエスト・ビレッジ住宅と呼ばれる中所得者用アパートを立地させました。

　都市は、新しい用途のために古い地域を修復しました。バルチモアやサンフランシスコのような都市において、ほとんど見捨てられたウォーターフロント

第12章　そして広がる都市再生　*123*

や工場敷地が人気のある商業地域へと生まれ変わりました。世界の他の場所もジェインの考え方に応答しました。オランダのベアトリックス女王は、ジェインのすばらしい常識知の価値を認め、アムステルダムで新たに高密で小規模な住宅を建てるやり方の相談役として、彼女をはるばる招きました。

　自分自身の観察を信じ教師に挑戦した小うるさい少女は、全国に対し、都市がどう機能するか —— また機能しないか —— ということを再考させ、それを新しい光の下でみつめることを喚起したのでした。『死と生』の中での生き生きとした叙述と論理的な議論を通して、彼女は、都市の機能の自然なあり方と、そこに住み生気を与えている人々の重要性を実証したのでした。

　ジェインは、都市の価値とそこでの生活を豊かにしているいくつかの基本的

シカゴのプリンターズ通り。窓に映っているような工場が修復されたもの。かつての印刷工場が、今は、アパートと店をもつ建物に、2008年

2008年、シアトル、パイク・プレイス・マーケット。1907年にはじめて開かれたこの賑やかな古い市場は、都市更新計画で破壊されたかもしれなかったのですが、1969年に市民がそれを止めました

な要素——用途や年代の異なる建物の混在、高密、小規模なブロックといったこと——を明らかにしましたが、それを定着させる秘訣は提案しませんでした。彼女の結論は、すべての都市は固有で複雑な組織体であるということでした。ジェインは人々に自分自身の目で見ることを要求し、都市計画家たちに機能しているものを殺すなと主張しました。「したがって、ジェイン・ジェイコブズにならう途があるとすれば」、と建築評論家のポール・ゴールドバーガーは2006年に語っています。いわく、「彼女が都市の形態的なモデルを示してくれていると考えるのではなく、自分の目を信じ常識的知識以上に常識的感性を信じるというモデルを示してくれていると考えることである」と。

都市生活のよさを見直し、今日、人々は都市の中心部へと移動しています。指導者や政治家そして実業家たちは都心部に新たな興味を抱いています。合衆

国じゅうの大小さまざまな都市のダウンタウンは、小ぎれいに整えられ、賑やかになっています。都市は、その集中した活動によって、住民と旅行者を等しくひきつけています。若者たちは、かつては破滅しながら現在は再生し流行の先端をいくソーホーのような古い近隣地区に集まってきています。

　ジェイン自身、これらすべての変化を信じていたとは思えません。しかし、彼女の都市への愛は、何百万という人々が新しい見方や考え方をするよう導いていきました。「都市は、とても多くのさまざまな主題、非常に多くのさまざまな困難の急所なのです」とジェインは深く考察します。「もし、それに本当に興味をもつなら、とても多くの他の主題へのまさに近道を歩むことになるのです。都市が何の洞察も提供してくれないと考えるのはほとんどあり得ないことです。ですから、都市に興味をもつことは幸運なことではないでしょうか」。

第 12 章　そして広がる都市再生

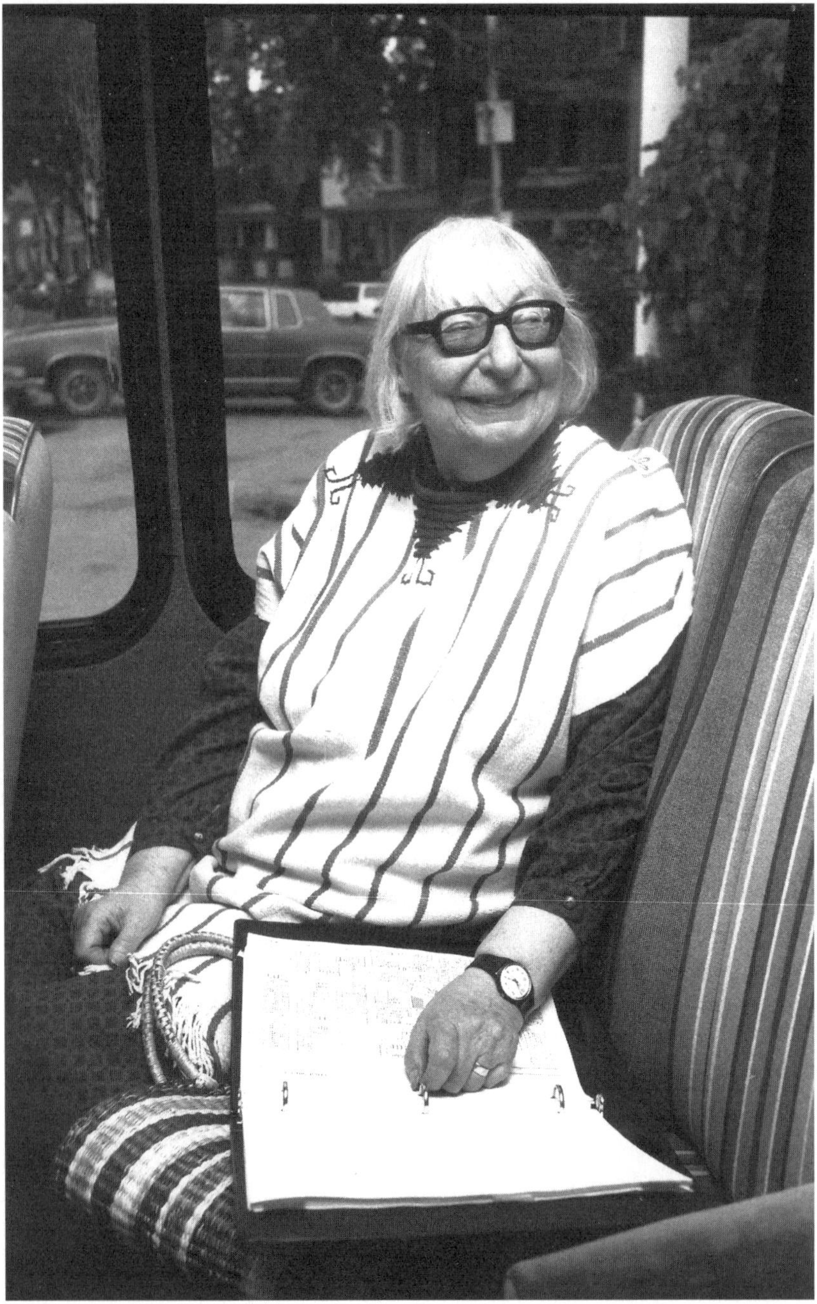

エピローグ

　1968年の6月に、ジェイン・ジェイコブズは、息子がベトナム戦争に徴兵されないようにするため、家族と一緒にカナダへ引っ越しました。その戦争に彼女はとても強く反対し、非暴力主義の抗議者として投獄までされていました。

　ジェインが、ここでもまた、市が彼女自身の地域を含むたくさんの近隣地区を突っ切る高速道路をつくることを計画していることを聞いたのは、新しい家に移住したばかりのときでした。彼女はもう一度、大きな幹線道路を無効にし、車でなく人々のための都市を守るべく、スバディナ高速道路を阻止するための闘いに加わりました。ジェインは、自動車の支配を公然と非難し、地下鉄やバスのような公共交通を奨励しました。彼女の見解では、「大きな鋼鉄の固まりで一人の人間しか運ばないのは、不合理です」。

　ジェインと家族は、アネックス ── ダウンタウンや地下鉄のごく近く ── と呼ばれたトロントのおもしろい地区に住みました。騒々しい大通りがあり、下宿屋から一戸建て住宅までが連なっていました。彼女は、カナダの市民になることを選択しましたが、合衆国の友人たちや家族と交際を続けました。彼女の母親 ── 息子のジョンの近くのバージニアに移っていました ── へのたびたびの手紙で、ベス・バッツナーが101歳で1981年に亡くなるまで、ジェインは、家族や自宅の庭に関する便りを送りました。彼女のかつての近隣地区が

直面している問題に関わりをもち続けるために、ジェインは、ウエスト・ビレッジ委員会ニューズレターを予約購読しました。また、彼女はニューヨークをときどき訪問し、2004年には一度、低層でインフィル型のウエスト・ビレッジ住宅の利点について演説しました。

トロントでは、自宅の屋根でトマトを栽培していないときは、エキゾチックな場所を見て歩いたり、あるいは近隣地区を守ったりしながら、ジェインは、彼女が最も重要であると考えた2つの著作を含む執筆活動をしていました。『都市の原理』※5 では、彼女が、どのように都市が成長し、繁栄し、あるいは沈滞するのかを考えながら、歴史を通じて、都市定住地について考察しました。『都市の経済学』※6 においては、ジェインは、「世界のどこにおいても、国家よりも個々の都市地域が繁栄の源である」と主張しました。"専門の"都市計画家に思い切って疑問を呈したのと同様に、彼女は経済学者に挑戦し、その尊敬を受けました。彼女は、倫理、つまり人間の行動を支配している道徳的な原理についての本も書きました※7。その父親が約束の重大さを教えた幼い少女は、商

1997年、夏、ジェイン81歳、アイダホにて5日間のホワイトウオーターいかだ乗りエコトラストのメンバーやガイドとともに

『都市境界』の撮影。1971 年、ジェインは、トロントの現場を背景に、都市についての自身の考えを放送しました

取引と政治の領域において、正直や忠誠のような美徳の間に葛藤が生じるときに何が起きるかといった問題を探究し続けたのです。

　ジェインは、生涯信念をもって生きました。常にエネルギッシュで、彼女は観察し、思索し、そして自分の考えを明瞭に表現し、あるいは、自分が信じた運動に参加することをけっしてやめませんでした。1996 年に彼女の最愛の夫であったボブが亡くなった後も、ジェインは、彼女の息子のジミー一家から下手のブロックの、夫とともに過ごした家に住み続けました。ジェインの子供たちは 3 人とも —— ジミー；発明家で物理学者、ネッド；音楽家で著述家、そして、バージン；芸術家 —— カナダにとどまり、彼ら自身の子供たちや孫たちをもっています。

　国じゅうで、カナダの居住者や政治家たちはジェインを敬慕し、彼女の考え

を尊敬しました。1998年に、総務長官が彼女をカナダ勲位のメンバーにしました。それは、「顕著な業績、共同体に対する献身、そして国家に対する奉仕の一生」を表彰する国の最高の名誉でした。2006年4月25日、彼女の90歳の誕生日の1週間前に、ジェインはトロントで亡くなりました。国民は、あたかも彼女が国家の長であったかのように、彼女が亡くなったことを哀悼しました。カナダのテレビ局や新聞は、その悲しいニュースを見出し付きで報じ、彼女の人生や仕事に関するおびただしい数の記事や画像が続きました。

　後年 —— 彼女は、資格証明にはけっしてとらわれず、あらゆる名誉称号を拒絶しましたが —— たくさんの賞を受けました。2007年、彼女の死後にロックフェラー財団は、「ニューヨーク市での活動におけるジェイコブズ的原理や実践」が認められる人々を表彰するために、ジェイン・ジェイコブズ・メダルを制定しました。しかし、都市についての本を執筆するため1958年にジェインに授与された補助金は、すべての中で最高の賞であったのかもしれません。

　その発行以来、『アメリカ大都市の死と生』は、多数の言語に翻訳され、何百万冊も売られました。けっして「ベストセラー」リストには現れなくても、合衆国やカナダ、そして世界中で着実に売れ続けてきました。1961年に、世界を最初に揺さぶって以来、その本は今もなお出版され続けているのです。

《訳注※5》　都市の原理：
　The Economy of Cities, Jane Jacobs, Random House, 1969. 邦訳［新版］『都市の原理』(ジェイン・ジェイコブズ著、中江利忠・加賀谷洋一訳、鹿島出版会、2011)

《訳注※6》　都市の経済学：
　Cities and the Wealth of Nations, Jane Jacobs, Random House, 1984. 邦訳『都市の経済学』(中村達也・谷口文子訳、TBSブリタニカ、1986)

《訳注※7》　市場の倫理・統治の倫理：
　Systems of Survival: A Dialogue on the Moral Foundations of Commerce and Politics, Jane Jacobs, Random House, 1992. 邦訳『市場の倫理・統治の倫理』(香西泰監訳、日本経済新聞社、1998)

ジェイン・ジェイコブズの生涯（年譜）

1916 年　5 月 4 日、ペンシルバニア州スクラントンで、ジェイン・イザベル・バッツナー誕生
1933 年　スクラントン、中央高等学校卒業
1934 年　スクラントン・トリビューン紙にて、女性欄の編集アシスタントとして就職
1934 年　ブルックリンへ姉とともに引っ越し
1935 年　グリニッジ・ビレッジのモートン通り 55 番に姉とともに引っ越し
1935 年　ニューヨーク・ヘラルド・トリビューン紙に詩を発表
1935 年　ボーグ誌の記事で最初の原稿料
1937 年　父親が 59 歳で死去
1938 年　コロンビア大学での大学公開講座の受講を開始
1940 年　キュー誌に、マンホールの蓋の記事を発表
1940 年　*Iron Age*（『鉄器時代』）誌での仕事を開始
1943 年　合衆国政府戦時情報局に特集記事の記者として就職
1944 年　ロバート・ハイド・ジェイコブズ・ジュニアと結婚。ワシントン・プレイス 82 に住む
1945 年　合衆国国務省に報道記者として就職
1947 年　ハドソン通り 555 の、以前はキャンディーストアであった物件を購入、補修し自宅に
1948 年　息子ジェイムズ・ケズィー（ジミー）・ジェイコブズ誕生
1950 年　息子エドワード・デッカー（ネッド）・ジェイコブズ誕生
1952 年　アーキテクチュアル・フォーラム誌で副編集者としての仕事を開始
1955 年　娘メアリー・ハイド（後にバージン）・ジェイコブズ誕生
1955 年　ウイリアム・カークから、イースト・ハーレムの見学の誘いを受ける
1956 年　ハーバード大学で都市更新について講演
1958 年　ワシントンスクエアへの自動車交通を排除
1958 年　フォーチュン誌で「ダウンタウンこそ人々のためのもの」を発表

1958 年	ロックフェラー財団から助成金を受ける
1958 年	本の執筆のため、アーキテクチュラル・フォーラム誌を休職
1960 年	ウエスト・ビレッジのハドソン通りの歩道救済闘争
1961 年	ウエスト・ビレッジを救済する闘いを開始
1961 年	『アメリカ大都市の死と生』を刊行
1962 年	ローワー・マンハッタン高速道路を阻止するための闘いに参加
1967 年	ベトナム戦争への抗議で逮捕
1968 年	ローワー・マンハッタン高速道路への抗議で逮捕
1968 年	息子たちをベトナム戦争徴兵から守るために、家族とともにトロントへ移住
1974 年	カナダ市民になる
1981 年	ジェインに関する報道記事のスクラップブックの所有者であった母親が 101 歳で死去
1988 年	学びの種を広くまき、生活を豊かにしたことについて、ブリタニカ百科事典賞を受賞
1996 年	夫ロバート・ハイド・ジェイコブズ・ジュニアが死去
1997 年	トロントが「ジェイン・ジェイコブズと重要なアイディア」という会議を主催
1998 年	国家の最高の名誉である「カナダ勲位」に指名される
2000 年	ワシントン D.C. で、国立建物博物館のビンセント・スクリ賞(「Vincent Scully Prize」)受賞
2004 年	カナダで、公共政策指導者へのクッチチング(Couchiching)賞を受賞
2006 年	4 月 25 日、トロントでジェイン・ジェイコブズ死去
2007 年	ロックフェラー財団がジェイン・ジェイコブズ・メダルを設立
2007 年	5 月 4 日、トロント市が「ジェイン・ジェイコブズの日」を宣言

ジェイン・ジェイコブズの著書

　United States. Constitutional Convention (1787). Constitutional Chaff: Rejected Suggestions of the Constitutional Convention of 1787, with Explanatory Argument.『合衆国・憲法規約（1787年）、憲法雑考：1787年憲法制定会議不採用の起草案　解釈的論考を交えて』、ジェイン・バッツナー［ジェイコブズ］による編集。1941年ニューヨーク：コロンビア大学出版（邦訳なし）

　『アメリカ大都市の死と生』1961年、ニューヨーク：ランダム・ハウス社（邦訳：［新版］山形浩生訳、鹿島出版会、2009年）

　『都市の原理』1969年、ニューヨーク：ランダム・ハウス社（邦訳：［新版］中江利忠・加賀谷洋一訳、鹿島出版会、2011年）

　The Question of Separatism 1980年、ニューヨーク：ランダム・ハウス社（邦訳なし）

　『都市の経済学』1984年、ニューヨーク：ランダム・ハウス社（邦訳：中村達也・谷口文子訳、TBSブリタニカ、1986年）

　The Girl on the hat 1989年、トロント：オックスフォード大学出版（カレン・レッズによる挿絵つきの子供のための絵本。邦訳なし）

　『市場の倫理　統治の倫理』1992年、ニューヨーク：ランダム・ハウス社（邦訳：香西泰監訳、日本経済新聞社、1998年）

　A Schoolteacher in Old Alaska: The Story of Hannah Breece 1995年、ニューヨーク：ランダム・ハウス社（邦訳なし）

　『経済の本質』2000年、ニューヨーク：ランダム・ハウス社（邦訳：香西泰・植木直子訳、日本経済新聞社、2001年）

　『壊れゆくアメリカ』2004年、ニューヨーク：ランダム・ハウス社（邦訳：中谷和男訳、日経BP社、2008年）

ノート

　以下の注は、引用部分、最重要箇所、あるいは情報が不足している箇所について説明するものです。

第1章：小うるさい女の子が

　ボストン・カレッジのジェイン・ジェイコブズ資料（以下、BC）の中で見つけた手紙、及び、Ideas That Matter『重要なアイディア』（以下、ITM）の3頁を参照しています。ジェインは、2年生の後は、膝に置いた本を読みながら「ほとんど自習していました」と書いています。ジェインが「都市は滝の回りにできる」ということに反駁していたという話は、ITMの26頁から引いています。

第2章：生まれ育ったのは電気の町

　わたしたちは、ジェインの先祖たちと彼女の一生の詳細についての情報を、アレクシュウによるジェインの伝記 Urban Visionary『都市の予言者』（以下、アレクシュウ）と、At Grandmother's Table『祖母の食卓で』におけるジェインによる自分のレシピの紹介の中に見つけました。また、1969年6月15日付のザ・スクラントニアン、ジム・クンスラーのジェインへのインタビュー（以下、クンスラー）、そしてITMの文書それぞれのベス・バッツナーについての記事を用いました。スクラントンについての情報は、ラックワナー・ヒストリカル・ソサエティー、スクラントンのアルブライト・メモリアル図書館でのスクラントン市総覧、そして挿絵が豊富な市の歴史書『スクラントン』に由来しています。ジェインの学校でのおどけたしぐさの話や引用は、ITMの16頁〜17頁によります。路面電車のジェインの記述は、彼女の本『都市の原理』からです。トーマス・ロマックス・ハンターからの手紙は、BCにあります。ジェインは、自分の最初のニューヨーク訪問について、クンスラーのインタビューの中で語りました。大恐慌下のスクラントンについての情報は、ラックワナー・ヒストリカル・ソサエティーに依拠しています。「仕事に就きたかった……」は、ITMの3頁からです。彼女のアパラチアの経験についての引用は、ジェインの『壊れゆくアメリカ』からです。

第 3 章：ニューヨークで記者になり

　ジェインは、ニューヨークでの初期の頃の日々についてクンスラーと話しています。また ITM の 35 頁〜 36 頁と Alexiou にも見られます。"While Arranging Verses for a Book" は、BC にあります。マンホールの蓋についての引用は、彼女の 1940 年 5 月、キュー誌の記事に出てきます。彼女は、1997 年にアズール誌のロバート・フルフォードとのインタビューで、想像上の会話について話しました（以下、フルフォード）。ジェインは、彼女のコロンビア大学の経験を BC にある手紙の中で書いており、また ITM の 4 頁にもあります。ピーター・ローレンスは、彼の論説「『死と生』以前のジェイン・ジェイコブズ」（以下、ローレンス）の中で、*Constitutional Chaff*『憲法雑考』（原稿全体をオンラインで見ることができます）を記述しています。スクラントンを助けるジェインの努力をたたえているスクラントニアンの記事に関しては、ITM の 37 頁および BC に見られます。「何が起きたかご覧なさい」というビラ、*Editor and Publisher* にあるジェインの文章「日常の努力が"ゴーストタウン"の運命から都市を救う」、そして、知られておらず日付のない新聞の「チルトン・ボスは、自分はそれを 2 度としたくないと言う」という見出しのジェインの組合活動の記事、これらすべては BC にあります。

第 4 章：キューピッドとキャンディーストアの家に出会い

　Amerika Illustrated についての情報は、ローレンスによります。キューピッドの引用は、フルフォード・インタビューからです。ジェインとボブの結婚式の詳細は、ITM の 37 頁に見られます。前ランダム・ハウス社の編集者のジョン・シモンは、彼が後に住んだ家についての回想を提供してくれました。ハドソン通りについての引用は、ITM の 49 頁と 52 頁からです。「歩道のバレエ」についてのジェインの記述と引用された題材のすべては、『アメリカ大都市の死と生』（以下、『死と生』）第 2 章に由来します。

第 5 章：アーキテクチュラル・フォーラムで学びながらレポートを

　ローレンスが、アーキテクチュラル・フォーラムにおけるジェインの経歴についての概要を提供しました。そして都市の歴史家のアレグザンダー・フォ

ン・ホフマンが、危機にあるアメリカの都市を説明しました。ジェインのフィラデルフィア旅行の話は、アレクシュウと The Villager、2004年5月12日〜18日に見られます。彼女は、『死と生』第16章などで、ボストンのノース・エンドに対する賞賛を書きました。ジェインのウイリアム・カークとの会合、イースト・ハーレムの見学、そしてユニオン・セツルメント協会での彼女の仕事については、アレクシュウの43頁〜49頁を見てください。

　In These Times 2006年7月25日付は、イースト・ハーレムの居住者を住宅計画に関わらせるためのジェインの努力に言及しました。

第6章：ジェインの「幸運な」記事は

　わたしたちは、ジェインの舞台負けとハーバードでの講演の話をITMの16頁〜17頁で見つけました。ジェインの講演の本文は、アーキテクチュラル・フォーラム、1956年6月号に掲載されました。ジェインのフォーチュン・1958年4月号の記事 "Downtown Is for People" は、The Exploding Metropolis に見られます。ローレンスは、ジェインのロックフェラー財団助成金についての詳細を述べました。ジェイソン・エプシュタインの編集者としての経歴に関しては、アレクシュウの64頁〜65頁を見てください。

第7章：母親たち、そして子供たちを束ね

　ワシントンスクエア救済のための闘いの話は、ニューヨーク・タイムズのたくさんの記事、ローレンスの論説、そして Robert Moses and the Modern City の中のロバート・フィッシュマンの章 "The Revolt of the Urbs" からつなぎ合わせてつくられました。この本にはまた、ロバート・モーゼスについて多くの情報が見られます。「束になる母親たち」の引用は、クンスラー・インタビューからです。市長の電話についての話は、ITMの22頁から。歩道を救う話は、The Villager、1960年3月20日付と、ITMの67頁〜71頁によります。

第8章：都市計画に挑戦して

　この章のすべての引用は、『死と生』からです。「この本は、挑戦です……」

は、第 1 章の冒頭のひとくだりです。また、この章にはジェインの、輝く都市、田園都市に対する見方、そして芝生嫌いの見解が入っています。「用途の混在」の記述に関しては、第 8 章を見てください。「通りへの眼差し」と男性と少女の話は、第 2 章に出てきます。短いブロックについてのジェインの議論は、第 9 章に由来しています。彼女は、新しいアイディア、古い建物、そして都市の創造における時間の重要性を第 10 章で、そして、高密度対人口過密を第 11 章で考えました。都市における病弊の議論は、第 11 章と第 12 章に見られます。都市の住人が世界を旅行しているように感ずることができるという考えは、第 12 章に出てきます。ジェインは、第 22 章で、都市を再生可能な自然なシステムとして記述しました。

第 9 章：ウエスト・ビレッジを救う

ITM の 49 頁と、ニューヨーク・タイムズとビレッジボイスからのたくさんの記事が、近隣地区の闘いの詳細を提供しています。世界銀行グループのインタビューで、ジェインは、継続しているウエスト・ビレッジ委員会の状態を述べ、「住み、働く人は誰でも……」と言いました。「スラム指定を解除してください」の話は、アレクシュウの 106 頁に出てきます。マックス・アレンはジェインを「気前のよい飼育者……」と呼びました。「いつもながらの話です……」は、ニューヨーク・タイムズ、1961 年 10 月 19 日付から、そして「そのプロジェクトを取り消す」は、同紙、1962 年 2 月 1 日付からです。「ウエスト・ビレッジの住民は 7 回、……」は、BC にある日付のない切り抜きによります。

第 10 章：『死と生』の反響は

わたしたちは、BC で『死と生』の論評の立派な収集を見つけました。ロイド・ロドウィンの論評については、ニューヨーク・タイムズ・ブックレビュー、1961 年 11 月 5 日付を見てください。『死と生』についてのアーキテクチュラル・フォーラムの社説は、その 1962 年 1 月号に、そしてローグとチェイスの討論は、1962 年 3 月号に出ました。「ハッチに当て木を」という助言は、*American Society of Planning Official Newsletter*、1962 年 2 月号の記事に、そして ITM の 10 頁に出てきます。*Journal of the American Institute of Planners* の評者は、1962 年 5 月に、ジェインを「ハドソン通りの魔法をかけられた踊り子」とあざ笑いました。ロジャー・スターの論評は、ITM の 15 頁と 53 頁に見られます。ルイス・マンフォードの「ジェイコブズお母さん」という痛烈な非難については、ニューヨーカー、1962 年 12 月 1 日付を見てください。ロバート・モーゼスからベネット・セルフへの手紙は、BC にあります。ジェインのピッツバーグとウエスト・パームビーチへの訪問の記事に関しては、*Pittsburg Post-Gazette*、1962 年 2 月 20 日付と、*Miami Herald*、1962 年 3 月 18 日付を見てください。それらは、いずれも BC にあります。ニューヨーク警察専門学校からのジェインの招待についても BC にあります。

第 11 章：市庁と高速道路との闘いへ

　最初の逸話とボブの分別のあることばは、ITM の 16 頁に見られます。「大都市を骨抜きにする高速道路」は、『死と生』の第 1 章からです。レビットタウンについての実態は、Levittown Historical Society によります。「寛容、つまり違いを受け入れる余裕は……」は、『死と生』の第 3 章からです。闘いについてのたくさんの情報は、ニューヨーク・タイムズ、ビレッジボイス、およびワシントン・ポストで報じられました。そして他の題材は、ニューヨーク・マガジンや、リック・バーンズのビデオシリーズ・ディスク 7 の『ニューヨーク：記録映像』からです。ロバート・モーゼスの「最窮乏地区……」ということばは、このビデオの中から。フランシス・ゴールディンの「彼らは、集会を呼びかけることでしょう……」も同様の引用です。「ジェイコブズ夫人は、カリスマ的な役割を務めました……」は、*National Observer*、1962 年 12 月 24 日付にありました。「同じ種類の戯言……」は、ビレッジボイス、1962 年 12 月 13 日付で引用されました。ジェインの「何千の人々が責任をもっています……」ということばは、1962 年 12 月 12 日の同紙に出ています。「経験則……」は、アレクシュウの 111 頁にあります。1968 年 4 月、高速道路の聞き取りのクライマックスの話については、ITM の 74 頁〜 78 頁にジェインの長い陳述があります。ビレッジボイスの記事は、ITM の 73 頁に印刷されています。わたしたちは、*Journal of Urban History* の 2008 年 1 月発行のクリストファー・クレメックの記事の中で、ジェインの逮捕の顛末を見つけました。

第12章:そして広がる都市再生

　高速道路への反乱は、ワシントン・ポストの記事「かつて、高速道路建設は容易であった」1969年8月31日付に記録されています。ネッド・ジェイコブズは、Alternative Journal、2002年6月号で、コブルヒルの人々への彼の母親の影響に言及しました。そしてわたしたちは、ミネアポリスの近隣住民の成功した反乱を、W．デニス・キーディングその他によって編集されたRevitalizing Urban Neighborhoodsで知りました。Municipal Art Societyのジェイン・ジェイコブズの展覧会(2007年9月～2008年1月)は、ウエスト・ビレッジ住宅についての情報をもたらしました。ジェインとベアトリックス女王についての資料は、BCにあります。ポール・ゴールドバーガーのことばは、『ブロック・バイ・ブロック：ジェイン・ジェイコブズとニューヨークの将来』に由来しています。わたしたちは、「都市は、急所なのです……」というジェインの熟考を、ITMの13頁にあるマーク・フィーニーズのインタビューで読みました。

エピローグ

　ジェインは、「大きな鋼鉄の固まりで一人の人間しか運ばないのは、不合理です」ということを、『都市の限界』の映画の中で述べました。彼女は、ウエスト・ビレッジ委員会ニューズレターの予約購読について、世界銀行グループとのインタビューで言及しました。The Villager、2004年5月5日～5月18日は、ウエスト・ビレッジ住宅の利点についての彼女の演説を記述しています。ジェインの子供たちや孫たち、そしてカナダ勲位授与の情報は、Globe and Mailのジェインへの追悼記事に出ています。『アメリカ大都市の死と生』の販売と翻訳についての情報は、ランダム・ハウス社による確認を受けています。

参考文献

　われわれ著者にとって、ジェイン・ジェイコブズへの関心は、『アメリカ大都市の死と生』をずっと以前に読んだときに触発されていました。彼女の仕事を若い人たちに紹介することをねらって、わたしたちは情報源を求めてインターネットで検索することから始めましたが、そのうち、ジェインが彼女の資料を、偶然にもわたしたち2人のボストン地域居住者にとって最も好都合な、ボストン・カレッジのジョン・J・バーンズ図書館に贈ったことがわかりました。その資料の中から、わたしたちは、記事、手紙（なぜ彼女がもう一度投獄されたのかを釈明している、ジェインから母親への短い手紙を含んでいます）、写真、そして彼女の母親によって集められた広範囲にわたるニュースの切り抜きのスクラップブックといった貴重なものを発見しました。マックス・アレンは、これらのもっとも優れた一次資料や写真の多くを選択し、彼が「伝記作家なしの伝記」とよぶ著作『重要なアイディア：ジェイン・ジェイコブズの世界』の中で発表しました。この本は、私たちにとって貴重な道しるべであり、そして情報源になりました。

　可能な限り私たちは、彼女の著述、手紙、インタビュー、そして彼女が出演した2本の映像の中で、ジェイン自身の言葉を確かめました。二次的な情報源は、追加の情報を与え、調査のための仕事の助けになりました。たとえば、わたしたちは、マンホールの蓋についてのジェインのキュー誌の記事に関するものを読んだことがありましたが、その記事自身を見つけることができませんでした。ジェインの初期の頃についての Journal of the Society of Architectural Historians における、ピーター・ローレンスの学術的な記事の脚注にその発行の日付がありました。ハーバード大学のワイドナー図書館がこの1940年からのニューヨーク芸術ガイドをもっており、わたしたちはついに、「働いている男たちに注意」に出会いました。

　画家・イラストレーターとして、わたしたちは絵が伝える力を重視し、明解なイメージ付けをしようと試みました。歴史的な写真を捜し出すことは事実を探ることと同様に、難しいながら意欲をそそられる挑戦でした。国会図書館の写真アーカイブや様々な新聞諸紙を合わせ用いたのに加え、わたしたちは

ワシントンスクエア公園で、写真家である父親が1960年代に撮った素敵な写真を売っていたネッド・オッターに、文字どおり偶然遭遇しました。

そして、ジェインも促しているように、自分自身の目で見ることは何ものにも代え難いこと。スクラントンを訪れ、このアメリカのしたたかな都市が4分の3世紀以上前どのようであったかという感覚を得ることは、現在においてさえも本当に必要不可欠だったのです。

以下に、ジェインと彼女の世界をもっと知るために興味をそそるであろう資料を掲げておきます。

ジェイン・ジェイコブズあるいは彼女のトピックに関する書籍

Allen, Max, ed. *Ideas That Matter : The Worlds of Jane Jacobs*. Ontario, Canada : The Ginger Press, 1997. A collection of primary sources by and about Jane. Photos.

Allexiou, Alice Sparberg. *Jane Jacobs : Urban Visionary*. New Jersey : Rutgers University Press, 2006. The only adult biography of Jane. Her life, work, and activism, including the latter half of her life in Canada and her later books as well.

Ballon, Hillary and Kenneth T. Jackson, eds. *Robert Moses and the Modern City : The Transformation of New York*. New York : W. W. Norton, 2007. An exhibition catalogue with scholarly articles evaluating Moses. Many photos of his projects.

Berkeley, Ellen Perry. *At Grandmother's Table*. Minneapolis : Fairview Press, 2000.
Recipes handed down from grandmothers to granddaughters and reminiscences by the latter, including Jane Jacobs.

The Editors of *Fortune*. *The Exploding Metropolis*. Garden City : New York, 1958. Contains Jane's ground-breaking *Fortune* magazine article, "Downtown is for People."

Kashuba, Cheryl A., Darlene Miller-Lanning and Alan Sweeney. *Scranton* (Images of America series). Charleston, South Carolina : Arcadia Publishing, 2005. Scranton's history portrayed largely in illuminating historic photos from the Lackawanna Historic Society.

Mennel, Timothy, Jo Steffens and Christopher Klemek, eds. *Block By Block : Jane Jacobs and the Future of New York*. Municipal Art Society of New York : Princeton Architectual Press, 2007. A companion publication to the Municipal Art Society's exhibition, containing more than forty short essays in response to Jane's work.

Stonehill, Judith. *Greenwich Village : A Guide to America's Legendary Left Bank*. New York : Universe, 2002. A lovely, illustrated, pocket-size introduction.

ジェイン・ジェイコブズへのインタビュー (オンラインのものはウェブ・アドレスも)

Fency, Mark. "City Stage," *Boston Globe*, November 14, 1993. (Also in ITM p.10-13)

Harris, Blake. "Cities and Web Economies : Interview with Jane Jacobs," *New Colonist*, 2002.
(http://www.newcolonist.com/jane_jacobs.html)

Kunstler, James Howard (Jim). Interview with Jane Jacobs on September 6, 2000, *Metropolis Magazine*, 2001.
(www.kunstler.com/mags_jacobs1.htm)

Rochon, Lisa. "Jane Jacobs at 81," *Metropolis Magazine*, April 1998.
(http.//www.metropolismag.com/html/content_0498/ap98jane.htm)

Steigerwald, Bill. "City Views, "*Reason*, Jane 2001.
(http://www.reason.com/news/show/28053.htm)

The World Bank Group, "Urban Economy and Development, "In-

terview of Jane Jacobs with Roberto Chavez, Tia Duer, and Ke Fang, Tronto, February 4, 2002.
(www.worldbank.org/urban/forum2002/does/jj-full.pdf)

雑誌の記事（オンラインのものはウェブ・アドレスも）

　Blake, Peter. "About Mayor Lindsay, Jane Jacobs and James Bogardus, "*New York*, May 6, 1968.
　Butzner, Jane [Jacobs]. "Caution・Men Working," Cue, May 18, 1940.
　Fulford, Robert. "Radical Dreamer : Jane Jacobs on the Streets of Toronto, "*Azure Magazine*, October-November, 1997.
(http://www.robertfulford.com/jacobs.html)
　Goldberger, Paul. "Uncommon Sense, "*American Scholar*, Autumn 2006.
(http://www:theamericanscholar.org/uncommon-sense)
　Gopnik, Adam. "Cities and Songs," *New Yorker*, May 17, 2004.
(http://www.newyorker.com/archive/2004/05/17/040517ta_talk_gopnik)
　Jacobs, Ned. "Changing the World by Saving Place," *Alternatives Journal*, June 2002.
(http://www.accessmylibrary.com/coms2/summary_0286-25695254_ITM)
　Klemek, Christopher. "From Political Outsider to Power Broker in Two 'Great American Cities,'" *Journal of Urban History*, January 2008.
　Laurence, Peter L. "Jane Jacobs Before *Death and Life*," *Journal of the Society of Architectural Historians*, March 2007.
(http://www.bwaf.org/images/pdf/Laurence-Jacobs_JSAH.pdf)
　Mumford, Lewis. "Mother Jacobs' Home Remedies," *New Yorker*,

145

Dec. 1, 1962.

Zipp, Sandy, "Jane Jacobs, Reconsidered," In These Times, July 25, 2006.

(http://www.inthesetimes,com/article/2743)

新聞記事

In the New York Times, the Washington Post (both available online through some libraries), and the Village Voice (available on microfilm in some libraries), you can read many articles about the battles in which Jane was involved.

Amateau, Albert. "Jane Jacobs Comes Back to the Village She Saved," The Villager, May 5-May18, 2004.

(http://www.thevillager.com/villager_54/janejacobs.html)

Atkinson, Brooks. "Critic at Large : Jane Jacobs, Author of Book on Cities, Makes the Most of Living in One," New York Times, December 10, 1961.

"Bess Butzner, Ex-Teacher-Nurse, Celebrates 90th Birthday Saturday," The Scrantonian, June 15, 1969.

Feeney, Mark. Jane Jacobs obituary, Boston Globe, April 26, 2006.

Martin, Douglas. Jane Jacobs obituary, New York Times, April 26, 2006.

Martin, Sandra. Jane Jacobs obituary, Globe and Mail (Toronto), April 26, 2006.

Rodwin, Lloyd. "Neighbors Are Needed" (Review of The Death and Life of Great American Cities), New York Times Book Review, November 5, 1961.

映像フィルムとビデオ

Burns, Rie. *New York : A Documentary Film*, Disk 7. 1999. This episode of the city's history shows how the powerful Robert Moses shaped the city - for better or worse. Include an account of Jane's role in protests against the Lower Manhattan Expressway and passages from *The Death and Life of Great American Cities*.

Hyde, Laurence. *City Limits*. National Film Board of Canada, 1971. Jane appears in this film and talks about cities, using Toronto as an example.

写真版権

キャプション説明がある場合を除き、すべての掲載写真はニューヨークを描写しています。

この本の写真は、以下の出所に拠っており、版権所有者の好意により許可を得て用いられているものです。

(日本語版についても、同様に原出版社を通じて許諾を得ています)

Pages 3 [複製番号：LC-USZ62-137839], 58 [LC-USZ62-137834], 59 [LC-USZ62-137836], 69 [LC-USF344-007788-ZB], 80 [LC-USZ62-137838], 81 [LC-USZ62-137837], 96 [LC-USZ62-137835], 97 [LC-USZ62-136079] Library of Congress, Prints and Photographs Division

Pages 14, 16, 20 (right), 37, 38, 44, 63, 64, 79, 110 From *Ideas That Matter*, with the permission of Max Allen

Pages 15, 30, 32 From the collection of the Lackwanna Historical Society

Pages 17, 25, 26, 39, 40-41, 55, 61, 72, 73, 75,78, 93, 94, 104 Photos by Glenna Lang

Pages 18, 19 Brown Brothers, Sterling, Pennsylvania

Pages 20 (left), 31, 83, 89, 100, 108, 111 From the Jane Jacobs Archive, John J. Burns Library, Boston College, with the permission of the Trustees of Boston College

Page 24 *People Mostly : New York in Photographs, 1900-1950*, by Benjamin Bloom

Pages 27, 28,60 (right), 65, 70, 74 Photos by Robert Otter © 2008 Ned Otter

Page 29 "View of Low Library," with the permission of the University Archives, Columbia University in the City of New York

Page 36 *Amerika Illustrated*, No. 43, 1950

Pages 45, 48, 49 Photographs and Prints Division, Schomburg Center for Research in Black Culture, The New York Public Library, Astor, Lenox and Tilden Foundations

Pages 46, 68 Courtesy of the Frances Loeb Library, Harvard Graduate School of Design

Page 47 Photo by Nishan Bichajian, Courtesy of Kepes / Lynch Collection, Rotch Visual Collections, Massachusetts Institute of Technology

Page 52 Photo by Bob Gomel / Time Life Picture / Getty Images

Pages 53, 54, 105, 106 Photos by Marjory Wunsch

Pages 60 (left), 82 *New York Times*, March 11, 1955, and June 8, 1961

Page 62 Collection of the New-York Historical Society. [Negative #80479d]

Page 68 © 2008 Artists Right Society (ARS), New York / ADAGP, Paris / FLC

Pages 71, 86, 87 From *The Death and Life of Great American Cities* by Jane Jacobs, © 1961, 1989

by Random House, Inc. Used by permission of Random House, Inc.

Page 88 *Architects' Journal*, London, January 16, 1963

Page 92 Levittown Library History Collection

Page 95 Courtesy MTA Bridges and Tunnels Special Archive

Pages 98, 99 © Fred W. McDarrah, *National Observer*, December 24, 1962, and the *Village Voice*, May 8, 1968

Page 107 Photo by Kurt Lang

謝辞

わたしたちは、記録庫で手助けしていただいた人、そして写真を手に入れることに協力していただいたすべての人：Lackwanna Historical Society では、メアリー・アン・モラン－サヴァキナスとロバート・ブース、レビットタウン図書館では、アン・グロリオソ、国会図書館の印刷と写真部局 では、バーバラ・ナタンソンとマリリン・アイバッハ、Municipal Art Society では、ジョー・ステフェンズ、New-York Historical Society では、ミランダ・シュワルツとイティー・マシュー、ハーバードのロエブ図書館では、メアリー・ダニエルズとアリックス・リスキンド、ボストン・カレッジのバーンズ図書館では、ジャスティン・ハイランドとデービッド・ホーン、MIT のロッチ図書館では、エリザベス・フィップス、ブラウンブラザーズでは、キャロル・バトラー、MTA Bridges and Tunnels Special Archive では、ローラ・ローゼン、コロンビア大学では、アリソン・スコラ、ロバート・アスト、そしてジョセリン・K・ウィルク、Greenwich Village Society for Historical Preservation では、メリッサ・バルドック、スクラントンのアルブライト記念図書館では、ジュディ・ケラー、Greater Scranton Chamber of Commerce では、ヴァージニア・クッドリッチとオースティン・バーク、ネッド・オッター、そしてグローリア・マックダラーに、感謝申し上げます。

ジェインについて直に話を伺った、マックス・アレン、エリック・ウエンズバーク、ジョン・シモン、そしてジューディス・ストーンヒル、助言や情報をいただいた、ロバート・フィッシュマン、ピーター・ローレンス、クリストファー・クレメック、ジェイ・ウィッカーシャム、そしてノーマン・グリックマン、すばらしい写真修正でマーク・フラッド、写真のオプアートでトーマス・ビール、ミッキー・ウエスタン、そして写真参照資料について、Longfellow National Historic Site のジェームス・M．シー、レオナルド・マックギーに、そしてスーザン・モンスキーとマーク・ヒルシュにも大変感謝しています。

「若い人々は、ジェイン・ジェイコブズについて知るべきである」という示唆をいただいたことに関して、ジェームズ・ウンシュ、ジェインが生きていた

時代の精神や問題について必要不可欠な指導や専門的意見をくださった、都市史家である、アレグサンダー・フォン・ホフマン、に感謝を申し上げます。この本の価値を信じ、思いやりをもって指導をいただいたデイヴィッド・R．ゴッディンに。そして、カール・W．スカーブロー、スー・ラミンとゴッディンのチームには、いただいたすべての援助に感謝いたします。

索引

【ア行】

アーキテクチュラル・フォーラム［誌］	*47, 48, 51, 53, 57, 62, 89, 100*
アソシエート新聞	*96*
アブラハム・レビット	*109*
アフリカ系アメリカ人	*48, 49, 53*
アメリカ図録（Amerika Illustrated）	*37, 38*
アメリカ大都市の死と生	*77, 82, 85, 99, 104, 107, 123, 124, 132*
アメリカ独立戦争	*11*
アーリントン通り	*59, 61*
イー・エム・エリオット	*34*
イースト・ハーレム	*54*
インフィル［概念］	*123*
ウイリアム・カーク	*53, 78*
ウイリアムズバーグ橋	*108*
ウイリアム・ホワイト	*58*
（ボストン）ウエスト・エンド	*50, 52, 89*
ウエスト・ビレッジ	*41, 70, 89-91, 92, 95, 96, 99, 108, 123, 130*
ウエスト・ビレッジ委員会	*123, 130*
ウエスト・ビレッジ救済委員会	*90*
ウエスト・ビレッジ住宅	*123*
ウォーターフロント	*123*
ウォール街	*19*
ウォールストリート・ジャーナル［紙］	*99*
エコロジスト	*101*
エドムンド・ベーコン	*51*
エドワード・J．ログー	*100*
エドワード・T．チェイス	*101*
エレーナ・ルーズベルト	*70*
エンバルカデロ・フリーウェイ	*121*
おてんば娘（The Flapper）	*16, 34*

【カ行】

傀儡組織	*92*
科学的観察者	*27*
輝く都市	*77-79*
拡大家族（多世代同居）	*12*
カーネギー・ホール	*60, 62*
幹線道路	*65, 68, 107*
気送管ポスト	*28*
共同緊急委員会	*70, 71*
共同体指導者（コミュニティ・リーダー）	*72*
近隣委員会	*93*
クスクス仲間	*19*
グラント住宅	*54*

グランドプラン	*101, 104*
クリストファー通り	*24, 28, 83*
グリニッジ大通り	*80*
グリニッジ・ビレッジ	*25, 27, 28, 65, 74, 83, 85, 101*
グリーンバック労働党	*11*
グリーンベルト	*79*
警官訓練課程	*104*
憲法雑考	*31*
公営住宅（プロジェクト）	*50, 51, 54, 55*
公営住宅開発	*104*
公園の中のタワー	*78*
公開講座	*29*
高架自動車道	*114*
高架電車	*18*
抗議集会	*69, 93*
公人	*71*
高層住宅（団地）	*50-52, 54, 57, 91*
高層建築（群）	*50-52, 80*
高速道路計画	*114*
高速道路反対派	*118*
高速道路のネットワーク	*78*
荒廃した地域	*95*
国務省雑誌部	*47*
（ニューヨーク）57番街	*62*
国家登録制	*122*
（ニューヨーク）5番街	*18, 68*
コブルヒル	*121*
コミュニティ	*22, 58, 78, 79, 99, 103, 110, 111, 116, 120-122*
コロンビア大学［出版局］	*29, 31*
混在した用途、用途の混在 (mixed uses)	*81, 84*

【サ行】

サンフランシスコ・クロニクル	*99*
ジェイソン・エプシュタイン	*62*
自然史誌	*47*
市民参加	*92, 123*
市民組織	*33*
市民団体	*121*
シャーリー・ヘイズ	*68*
州間幹線道路［網］	*114, 121*
州間高速道路	*65, 111, 121*
住居ブロック	*81*
住宅審議委員	*102*
住宅法 (Housing Act of 1949)	*50, 77*
助成金	*122*
ジョーンズ浜	*66*
ジョン・トス	*117*

ジョン・リンゼイ	114
スカイライン	16
スクラントニアン [誌]	34
スクラントンダウンタウン	13, 20
スクラントン・トリビューン [紙]	32
ストリートライフ	52
スパディナ高速道路	129
スーパー・ブロック	54, 57, 82
スラム [指定]	85, 92, 110
スラム一掃、スラム除去	65, 89, 92
請願書	69, 74
石炭取引所	13
セダール・リバーサイド	121
全国歴史保存法	122
戦時情報局	37
速記者	20
ソーホー	110, 126

【タ行】

大規模プロジェクト	60, 66
大恐慌	19, 90
タイムズ・スクエア	60, 61
建物の混在	125
チャイナタウン	108, 110
(スクラントン) 中央高等学校	19, 20
中核施設	50
中間所得者用アパート	123
鋳造鉄地区	110
中流階級	49
低所得の居住者	66
鉄器時代 [誌] (Iron Age)	31, 32, 34
鉄のワッフル	26
田園都市	79, 80, 104
電気の町	16
電気路面電車システム	16
道路拡張プロジェクト	89
通りへの眼差し	82
特別なダンサー	44
都市境界 [誌]	131
都市計画審議会	92-96
都市更新	50, 51, 58, 77, 92, 93, 95, 99, 101, 107
都市高層化	104
都市再開発	77
都市の経済学	130
都市の原理	130
都市の再建	51
都市の創造力	25

土地収用権	*67*

【ナ行】

長いブロック	*62, 82*
二交代制都市 (two‐shift city)	*61*
ニューヨーカー［誌］	*103*
ニューヨーク市	*65, 66, 121, 132*
ニューヨーク市住宅局	*54*
ニューヨーク市庁	*112*
ニューヨーク市長［ワグナー］	*66, 72, 94, 113, 116*
ニューヨーク・タイムズ［紙］	*95*
庭付き一戸建て	*48*
（ボストン）ノース・エンド	*52, 85*

【ハ行】

ハイウェイ法	*111*
爆発する大都市	*58*
バージニア大学	*12*
ハドソン通り	*72-74, 77, 90, 102*
ハドソン通り 555	*40-42,*
ハーバード大学	*57, 59*
パブルム (Pabulum、幼児用シリアル)	*23*
非スラム	*103*
評価局	*114-116, 118*
ビレッジボイス (Village Voice)	*70*
ビンテージ本	*100*
フォーチュン［誌］	*58, 62*
複雑な組織体	*125*
(N.Y. タイムズ) ブックレビュー	*99, 101*
不動産開発者	*95, 114*
フランシス・ゴルディン	*114*
プリンターズ通り	*124*
ブルックリン橋	*24*
ブルックリンハイツ	*23*
ブルックリン・バッテリー橋	*113*
ブルーム通り	*108-111, 114, 116*
ベアトリックス王女	*124*
ペーパーバック版	*100*
ヘラルド・トリビューン［紙］	*25, 26, 32*
ボイルストン通り	*59*
ボーグ［誌］	*26*
歩道救済委員会	*74*
歩道救済キャンペーン	*72*
歩道の安全	*104*
歩道のバレエ	*41-43, 44, 81*
ホランド・トンネル	*108*
ポール・ゴールドバーガー	*125*

155

【マ行】

摩天楼	18
マルベリー通り	86
マレー・コーポレーション	32, 34
マンハッタン島	17
マンホールの蓋	26
短いブロック	62, 82, 84
ミッドタウン	51
魅惑的な都市	26
民族集団	25
無煙炭	32
(グリニッジ・ビレッジ) モートン通り	25
(スクラントン) モンロー通り	15

【ヤ行】

ユニオン・セツルメント [協会]	53
(ニューヨーク) 48番通り	18

【ラ行】

ランガム・コート	122
ランダム・ハウス [社]	62, 100
ランドマーク保存法	121
リトルイタリー	108, 110, 113, 114
ルイス・マンフォード	103, 104
ル・コルビュジエ	77, 78, 80
歴史的ランドマーク	122
レビットタウン	108, 109
連邦高速道路促進法	68
連邦都市更新プログラム	122
ロイド・ロドウィン	99
ロジャー・スター	102
ロックフェラー財団	62, 132
ロックフェラーセンター	51, 60
ロバート・ハイド・ジェイコブズ・Jr.	38
ロバート・モーゼス	65, 66, 73, 104, 107, 110, 113
路面電車	13, 17
ローワー・イースト・サイド	107
ローワー・マンハッタン	68, 107, 108, 110-113, 114, 118, 121
ロングアイランド	66

【ワ行】

(スクラントン) ワイオミング通り	13
ワシントンスクエア公園	65-68, 70, 74, 114
ワシントン D.C.	37
ワシントン通り	58
ワンルームスクール	12

著者について

　グレンナ・ラングの以前の作品には、ゴッディンと一緒につくった子供たち向けの古典的な詩のための挿絵があります。ロバート・ルイス・スティーブンスの *My Shadow*、ジェームス・ウイットコム・リレイの *When the Frost Is on the Punkin*、ヘンリー・ワーズワース・ロングフェローの *The Children's Hour*、そしてロバート・フロストの *The Runaway* です。彼女は、*Looking Out for Sarah* の文と挿絵で、アメリカ図書館協会のシュナイダー家族賞を受賞しました。彼女はニューヨーク市で育ちましたが、夫のアレグザンダー・フォン・ホフマンと一緒にマサチューセッツ州ケンブリッジで永らく生活し、ボストン美術館の学校で教えています。娘のエズメはソーホーにあるエレベータなしの古いアパートの５階に住んでいますが、二人で尋ねることもしばしばです。

　マージョリー・ウンシュは、*The Answered Prayer*、*Junkyard Dog*、そして *Never Take a Pig to a Party* を含むたくさんの子供の本の挿絵を描いてきました。彼女は、*Spaceship Number Four* と *Aunt Belle's Beach* の著者であり挿絵画家です。彼女のアートワークはまた、デービッド・ゴッディンのための、*Dr. Bowdler's Legacy*、そして、ボストン・グローブ、ハーバード・マガジン、ニューヨーク・タイムズ・ブックレビューのような出版物にも見られます。1970年代初期に、ハーバード大のデザイン大学院で建築学を学ぶ間に、彼女は、都市デザインの問題、古い建物の修復や再生、そしてジェイン・ジェイコブズの考え方に出会いました。マージョリーと夫のカール・ウンシュは、マサチューセッツ州ケンブリッジに住んでいます。彼らには二人の成人した子供と孫が一人います。

訳者あとがき

　我々二人の知己であるカナダのエーディルマン・敏子さんから、この本の原書を紹介して頂いたのは2年前。ちょうど、訳者の一人・英則が宮﨑洋司氏との共著で、鹿島出版会からジェイン・ジェイコブズさんに関する別の本を出版させて頂く直前でした。その詰めの作業の席でこの書に話題が及びました。

　ジェイコブズさんの活躍がわかりやすくまとめられており、日本でも幅広い層に読んでもらうだけの価値のある本ではないかという出版会のご判断もあり、翻訳の話が進み、それなら、彼女に一緒にお会いした我々二人で、と気軽にお引き受けしてしまいました。今思えば、それが苦闘の始まりだったのですが。

　我々とジェイコブズさんとの出会いは、まさにご縁としか言いようがありません。20年以上前、かねてから彼女の独特な都市論・都市計画論に興味を抱いていた英則が、その著書の多くを出版していたランダム・ハウス社に伝言を依頼。ダメもとのつもりが、しばらくして思いがけずジェイコブズさんご自身から返事を頂き、その後、お会いする機会まで得ることができました。ランダム・ハウス社には改めて感謝したいと思います。

　グリニッジ・ビレッジでのジェイコブズさんの成功の要因は、この本に書かれているように住民たちの団結が強かったこととともに、高速道路を通さず高密な市街地を維持する方がニューヨークという町にとって魅力的なのだ、と彼女自身が実感していたことによると思われます。またそれを、説得力をもって主張できたからなのでしょう。日本でも京都の町なかに高架の自動車専用道を通すことは考えられません。かつて埋め立てか保存かで揺れた北海道の小樽運河も、今思えば正しい方の選択（後者）をしたといえます。ジェイコブズさんはこのような既存の町を保全しつつ活かしていくことの利点を、ニューヨークという世界一活気ある都市に生活する中で50年以上前に発見していたのです。

　ただ、日本の場合、気をつけなければならないこともあります。古い建物を保全するといっても、災害に対する安全性を軽視することはできないからです。活気のある市街地を維持しつつ災害に強いまちづくりができるかどうか、

それが、今まさに問われていることなのです。

　作家はその処女作に向けて完成される、と言われますが、ジェイコブズさんの場合、『死と生』以来、螺旋を描くが如く論考を展開していきながら、多様な果実を実らせていった感があります。しかしその軸は、この本の主要部を占めるグリニッジ・ビレッジでの生活を離れませんでした（カナダに移り住みはしましたが）。その軸の周りを、彼女の表現を借りれば軽やかに「バレエ」しながら、人間の経済を考察し、倫理に言及し、自然との対比を論じ、最後は、文明の行く末を想ったのです。一方、それだけ大きな展開には、コロンビア大学の公開講座で幅広く学んだことも活かされているように思います。「都市」というものをどう科学的に扱うかについて深く考えることは、社会科学から自然科学までの広範な知識によってこそ可能だったはず。これもまた、彼女から見習うべき重要なことです。本書でジェイコブズさんに興味をもたれた方は、是非、彼女の『死と生』以外の著作もご覧になることをおすすめします。

　ところで、今回訳出に最も苦労したのは、実は、表紙と目次の間にある原著者の一人G.ラングさんの献辞、"For Alex and Esmé, with love …and squalor"の"squalor"をどう訳すかでした。直訳は「汚れ」、「あさましさ」、「卑劣」等ですが、どれもしっくり来ません。幸いラングさんご本人からメールで解説を頂くことができました。彼女の愛娘さんのお名前の由来であるJ. D. サリンジャーの短編小説の題名と、『死と生』が書かれた当時に都市は"squalor"なものであると考えられていたこと、との2つの意味がかけられているのだそうです。悩んだ末、同短編の訳書の中で語られる「醜悪」の2文字を当ててみた次第です。

　常々何かにつけ意見の食い違うことが多い我々二人ですが、この仕事のおかげで、それが稀に生産的に作用する場合もあることを少し実感できました。最後になりましたが、翻訳の機会を与えて頂いた鹿島出版会の相川幸二氏、編集プロデュースで多大なご尽力を頂いた小田切史夫氏に深謝いたします。ジェイコブズさんの提起した議論が、さらに広く知られ深められることを祈りつつ。

2012年5月　玉川英則・玉川良重

【訳者紹介】

玉川英則（Hidenori Tamagawa）
1980年東京大学工学部都市工学科卒。84年同大学院博士課程中退（87年工学博士）。以後、新潟大学、東京都立大学を経て、現在、首都大学東京大学院都市環境科学研究科都市システム科学域教授。専攻は都市・地域解析。著書に『コンパクトシティ再考』（学芸出版社、2008年）、『都市の本質とゆくえ：J．ジェイコブズと考える』（鹿島出版会、2011年）など。

玉川良重（Yoshie Tamagawa）
1983年日本女子大学家政学部家政経済学科卒。85年お茶の水女子大学大学院修士課程家庭経営学専攻修了（家政学修士）。1990年、99年、玉川英則とともにジェイン・ジェイコブズ宅を訪問。インタビューに同席。

常識の天才　ジェイン・ジェイコブズ
――『死と生』まちづくり物語

発　行：2012年6月20日　第1刷

著　者：グレンナ・ラング　マージョリー・ウンシュ
訳　者：玉川英則　玉川良重
発行者：鹿島光一
発行所：鹿島出版会
　　　〒104-0028 東京都中央区八重洲2丁目5番14号
　　　電話 03-6202-5200　振替 00160-2-180883

出版プロデュース：安曇野公司
レイアウト・DTP：シンクス
カバーデザイン：辻 憲二
印　刷　・　製　本：壮光舎印刷

Ⓒ Hidenori Tamagawa, Yoshie Tamagawa, 2012
ISBN978-4-306-07297-8 C3052　Printed in Japan
無断転載を禁じます。落丁・乱丁本はお取替えいたします。

本書の内容に関するご意見、ご感想は下記までお寄せ下さい。
URL: http://www.kajima-publishing.co.jp
E-mail: info@kajima-publishing.co.jp